나폴리 1925

Adorno in Neapel: Wie sich eine Sehnsuchtslandschaft in Philosophie verwandelt
© 2013 by Martin Mittelmeier & Siedler/Random House Germany (original full-length edition)
© 2018 by Martin Mittelmeier (present abridged edition)

All rights reserved.
No part of this book may be used or reproduced in any manner whatever without written permission except in the case of brief quotations embodied in critical articles or reviews.

Korean Translation Copyright © 2025 by April Books
Korean edition is published by arrangement with Literarische Agentur Gaeb & Eggers, Berlin through BC Agency, Seoul

이 책의 한국어판 저작권은 BC에이전시를 통해
저작권사와 독점 계약한 '사월의책'에 있습니다.
저작권법에 의해 보호를 받는 저작물이므로 무단 전재와 복제를 금합니다.

나폴리 1925

아도르노, 벤야민, 그리고 '비판이론'이 탄생한 그 여름

마르틴 미텔마이어
최용주 옮김

나폴리 1925
아도르노, 벤야민, 그리고 '비판이론'이 탄생한 그 여름

1판 1쇄 발행 2025년 8월 10일

지은이 마르틴 미텔마이어
옮긴이 최용주
펴낸이 안희곤
펴낸곳 사월의책

편집 박동수
디자인 김현진

등록번호 2009년 8월 20일 제2012-118호
주소 경기도 고양시 일산서구 중앙로 1388 동관 B113호
전화 031)912-9491 | 팩스 031)913-9491
이메일 aprilbooks@aprilbooks.net
홈페이지 www.aprilbooks.net
블로그 blog.naver.com/aprilbooks

ISBN 979-11-92092-55-3   03100

* 책값은 뒤표지에 있습니다.

차례

프롤로그   9
들어가는 글: 풍경이 철학이 될 때   13

1   행복의 섬   19
2   비극의 여행지   31
3   공통의 관심사   37
4   납골당   45
5   화산석의 음악   57
6   성좌(星座)   65
7   그림엽서   71
8   해골과 유령   77
9   죽은 것들에 주입된 의미   91
10   폭파로 얻은 삶의 공간   107
11   분화구 탐험   117
12   파시즘은 어디에서 기원하는가   131
13   망가진 것들의 보물창고   145
14   해변으로 밀려온 세이렌들   159
15   피의 기적   167
16   포시타노의 예언   175
17   나폴리 이후   181

에필로그   185

주   189
참고문헌   207
옮긴이의 말   219

일러두기

1. 이 책의 원서는 *Adorno in Neapel: Wie sich eine Sehnsuchtslandschaft in Philosophie verwandelt* (『나폴리의 아도르노: 동경의 풍경은 어떻게 철학으로 전환되었나』, München: Siedler Verlag, 2013)이다. 번역은 저자의 승인을 받아서 영역판 Shelley Frisch, trans. *Naples 1925: Adorno, Benjamin, and the Summer That Made Critical Theory* (New Haven: Yale University Press, 2024)를 원본으로 하였으며, 독일어 원서를 참조하였다.
2. 본문의 각주는 모두 옮긴이 주이며, 저자의 주는 미주로 실었다.
3. 각 장의 제목은 원서를 그대로 따르되, 의미 전달이 어려운 경우에는 표현을 일부 바꾸었다.
4. 책, 신문, 잡지는 『 』, 논문과 에세이는 「 」, 음악, 그림, 예술작품은 〈 〉로 표시했다.
5. 인명과 지명 등의 고유명사는 저자 주 또는 참고문헌에 나오는 경우에는 본문에 병기하지 않았으며, 주에 없는 경우 또는 중요 인물인 경우에만 원어명을 병기했다.

: 프롤로그

1924년에서 1926년까지는 화산 위에서 노니는 게 가능했다. 베수비오 산의 분화구 가장자리에서 용암이 분출되는 중심 근처까지 내려가는 데는 20분 정도면 충분했다. 1925년 9월, 두 명의 독일인 여행자는 이런 기회를 놓치고 싶지 않았다. 일간지 『프랑크푸르터 차이퉁』의 편집자로 일하던 서른여섯 살의 지크프리트 크라카우어와 그보다 14살 어린 음악학도 테오도어 W. 아도르노는 이 두려우면서도 숭고하고 특별한 약속을 기꺼이 이행했다. 그들은 또한 자신들이 속한 시대의 사건들과 그 배경에 대한 예리한 관찰자이기도 했다. 이 여행을 통해 그들은 초창기 단체여행에서 조우한 생경한 장면들을 묘사하면서 아포리즘 스타일의 글쓰기 기법을 연마했다.

이것과 관련하여 베수비오 산 분화구 절벽을 둘러보면 쓸 게 아주 많을 것이다. 그러나 아도르노는 이 아름다운 자연이 케이블카, 기념품 가판대, 목가적인 그림엽서와 같은 관광 상품으로 인해 훼손되는 것에 대한 풍자적 글을 쓰기 위해 여기 온 게 아니었다. 그는 여기서 얻은 인상적인 장면들과 경험을 통하여 자기 철학의 출발점을 만들고 핵심적 원리를 배양했다. 20세기 그리고 우리 세대의 가장 강력한 철학 운동의 하나인 '비판이론'은 이곳 나폴리의 베수비오 산 기슭과 분화구 가장자리에서 탄생했다.

베수비오 산의 분화구(1925)

: 들어가는 글

풍경이 철학이 될 때

테오도어 아도르노는 가장 영향력 있는 20세기 유럽 철학자들 중 한 사람이다. 근대성의 삭막함에 대한 그의 이론적 사유는 거의 전례 없는 수준으로 당대의 지적 풍토를 주도했다. 그는 홀로코스트의 반인도적 범죄에서 새로운 정언명령을 도출해냈고, 제2차 세계대전 이후 벌어진 지적 재건에서 양심의 역할을 했다. 1960년대의 우파 급진주의[1], 포퓰리즘의 책동, 권위주의의 성격에 대한 그의 분석은 지금 우리가 직면하고 있는 여러 문제들을 미리 설명해주는 것이기도 하다.

아도르노의 생애와 방대한 연구 범위를 고려한다면 그의 초기 여행보다 더 시급한 주제가 많을 것이다. 또한 아도르노의 사상에서 장소가 미친 영향을 탐구하고 싶다면 다른 장소를 떠올릴 수도 있다. 빈은 그가 작곡가 알반 베르크의 지도로 음악을 공부하면서 예술적 감각을 단련한 곳이고, 남부 독일의 아모르바흐는 그가 어린 시절을 보낸 곳으로 전 생애에 걸쳐 끊임없이 되돌아가던 곳이었으며, 뉴욕과 로스앤젤레스는 독특한 대중문화와 경험주의에 기초한 사회학의 영향을 받았던 곳이고,[2] 그가 "19세기 수도"라 부른 파리는 아도르노가 미국으로 이주한 후 처음으로 재회한 유럽이었다.[3] 그리고 물론 그의 출생지 프랑크푸르트도 빼놓을 수 없다. 전후에 그는 여기서 막스 호르크하이머와 함께 '사회연구소'(Institut für Sozialforschung, IfS)를 재건했고, 이곳에서 처음으로 '프랑크푸르트학파'가 하나의 학파 형태를 갖추게 되었다.

그러나 유황 냄새가 진동하고 수선스럽고 수시로 사람을 피곤하게 만드는 나폴리는 어떨까? 만약 초점을 이탈리아의 다른 어떤 곳에 맞춘다면, 아도르노가 가끔 자기 가문의 귀족적 전통과 관련 있다고 생각한 제노바가 포함될 수 있겠다.[4] 이 책을 출간하기 전까지만 해도 아도르노의 나폴리 시절을 연구한 것은 거의 없었다. 그렇다면 왜 나폴리인가? 알반 베르크에게 보낸 두 통의 편지와 카프리 어부에 대한 짧은 기록을 제외하면, 아도르노는 1925년 이탈리아 여행에 대한 인상을 기록으로 남긴 게 없다. 그는 이탈리아 남부에서 아도르노와 크라카우어보다 좀 더 편안한 환경에 있던 발터 벤야민, 알프레트 존-레텔과 "철학적 전투"를 벌이기 위해 나폴리에서 만났는데,[5] 이 싸움에서 무사히 승리했다고 주장했다. 나폴리는 아도르노에게, 그리고 그의 이론에서 왜 그토록 중요한 위치를 차지하는가?

1925년 9월, 아도르노는 22세 생일 직전에 친구 지크프리트 크라카우어와 함께 나폴리를 여행하면서 비순응주의자, 자기중심주의

테오도어 아도르노(1928)   지크프리트 크라카우어(1923)

자, 몽상가, 혁명가 등이 다채롭게 섞여 있는 무리들과 만났다. 이들은 모두 자신만의 독특한 방식대로 나폴리 만(灣)의 한 부분으로 배양되고 있었다. 혁명적 성향으로 들끓는 이 격동적 풍경은 나폴리의 대기에 의해 점화된 핵심 사상가 그룹에게 스며들었고, 나폴리의 일상은 가장 신중한 참여자에게마저도 그 시대의 피상적 요소의 이면을 주시케 하고, 그 요소가 지닌 잠재력을 확인하도록 자극했다. 아도르노는 그 중심에 있었다. 이 혁명적 불꽃은 하나의 질문을 낳았다. 나폴리의 취기 가득한 분위기, 죽음 숭배, 그리고 활기찬 생명력을 새로운 철학으로 옮길 수는 없을까?

아도르노는 처음에는 이런 어지러운 가능성에 크게 동요되지 않은 듯하다. 나폴리에서의 경험이 그의 정신과 사고에 완전하게 흡수되기까지는 제법 시간이 걸렸다. 그러나 결국 나폴리의 풍광은 그의 철학을 형성하는 커다란 틀로 전환되었다. 모든 역경에도 불구하고, 나폴리에서 벌어진 철학적 전투는 이 전투의 참여자들이 나폴리 만의 풍광에 대해 쓴 다섯 편의 에세이와 결합하여 아도르노 사상의 틀로 발전했다. 벤야민과 라트비아 출신의 연극배우이자 활동가인 아샤 라시스가 나폴리의 건축자재로 사용되던 화산석과 그곳 사람들의 사회적 삶에서 발견한 다공성(多孔性, porosity)은 하나의 성좌*로서 아도르노 텍스트 자체의 구조적 이념이 된다. 향수를 자아내는 남부 이탈리아의 풍광이 전후 독일의 가장 성공적이고 중요한 이론을 구성하는 원소가 된 것이다. 나폴리는 아도르노 이론의 측면 입구이지만, 여기를 통과하면 그 중심으로 들어갈 수 있다.

아도르노가 나폴리의 풍광을 자기 철학의 구조적 구성 원리로 전환시킨 과정을 추적하면 그의 지적 전기와 관련된 새로운 시선을 얻을 수 있다. 수전 손택이 그의 책 『해석에 반대한다』에서 예술 작품에 대해서는 해석의 틀에 얽매이지 말고 그 본질을 밝혀야 한다고 주장한 것처럼, 이 책은 아도르노 이론의 구성 원리를 조명하려는 의도로 그의 저작을 검토한다. 아도르노는 음악을 대하는 이상적 방식과 매우 흡사한 접근법을 요구했다. 즉 청중은 작품의 아름다운 악절이 나오기만을 기다리지 말고 작품의 전체 구성을 파악해야 한다는 것이다. 이러한 구조적 원칙은 이데올로기, 전체주의, 그리고 모든 통치 형태와 싸우기 위한 핵심 수단이 되는 강력한 논증

---

* 이 책 6장 66쪽 이하 참조. '성좌'(Konstellation, 英 constellation)는 아도르노와 발터 벤야민에게 매우 중요한 개념이다. 일견 무관한 듯 흩어져 보이는 밤하늘의 별들이 연결되어 하나의 별자리를 이루듯이, 파편적이고 분산된 사실들이 고정된 개념적 틀에서 벗어나 스스로 진정한 내적 연관구조(진리)를 드러내는 것을 말한다.—옮긴이 주. (이하의 각주는 모두 옮긴이 주이며, 원주는 미주로 실었다.)

으로 발전했다. 아도르노가 이런 미학적 접근의 기준을 처음 발견한 곳이 바로 나폴리이다. 그리고 지나치게 난해해서 종종 독자들을 분노하게 만드는 그의 저작들은 결국 나폴리의 광기와 비정상을 묵시적이고도 매우 유쾌하게 연출한 것으로 분석된다.

I
행복의 섬

1925년 여름, 크라카우어와 아도르노는 딱히 특별한 이유가 있어서 이곳을 여행지로 택한 게 아니었다. 유럽에서 가장 풍광이 좋기로 유명한 나폴리 만은 오랫동안 인기 높은 여행지였다. 베수비오 산은 서쪽으로는 이스키아와 프로시다 섬, 그리고 동쪽으로는 소렌토 반도로 이어지는 반원 형태의 지형 한가운데 자리 잡고 있다. 화산이 토해내는 장엄한 파괴의 기운이 나폴리 만이 주는 가장 큰 매력이다. 풍부한 광물을 함유한 화산재 덕분에 토양은 비옥하다. 마그마가 서쪽 끝으로 흘러가 식으면서 가스가 분출되어 많은 구멍이 생기고, 여기에 공기가 주입되면 아주 가벼운 응회암으로 굳어진다. 나폴리의 작가 라파엘레 라 카프리아는 이런 모습을 두고 "부드럽고 밝은 해변의 꿀과 같은 색깔은 거의 목가적인 우울함으로 가득 차 있다"[1]고 묘사하면서, "이 모든 것이 베르길리우스를 연상케 하지 않는가!"[2]라며 탄성을 질렀다. 고대 후기부터 사람들은 나폴리

남서쪽에 있는 베르길리우스 『아이네이스』의 무대를 방문하여 이 시조 영웅이 아베르노 호수 근처의 지하세계 입구로 들어간 발자취를 따라가곤 했다. 그리고 유황이 가득한 플레그레이 들판에 있는 시인의 무덤을 방문했다.

모든 시대는 문학과 여행에서 고유의 피난처를 창조한다. 19세기의 나폴리는 유럽인들에게 반드시 들러봐야 하는 교육적 여행지의 한 곳이었다. 그러나 독일 시인이자 화가인 아우구스트 코피쉬가 소렌토 반도와 마주한 작은 섬 카프리에서 신비로운 푸른빛을 내는 해식 동굴—'푸른 동굴'(Grotta Azzurra)—을 발견하면서, 이 섬은 문명에 지친 북유럽 사람들이 휴식처로 선호하는 여행지가 되었다. 독일 낭만주의자들의 '푸른 꽃'*이 푸른 바다로 재창조되어 나폴리만 전체에 마법과 매력을 엮어냈다. 소렌토 반도의 높은 곳에서 보면, "나폴리 만을 외부로부터 지키는 요새처럼 보이는"[3] 칙칙한 바위투성이의 아말피 해안도 덩달아 각광을 받았다.

아도르노의 영향을 받아서 쓴 게 분명한 1950년대의 관광 관련 에세이에서 한스 마그누스 엔첸스베르거는 관광에 대한 애착이 자유에 대한 낭만주의적 꿈에서 비롯된 것이라고 서술했다. "원시적 풍광은 여전히 관광의 이상이다. 관광은 낭만주의가 먼 곳에 투영한 원대한 꿈을 스스로 실현하기 위한 시도일 뿐이다. 부르주아 사회가 스스로 폐쇄화될수록 탈출을 위한 부르주아의 욕망은 더 담대해지면서 한 명의 관광객이 되려고 한다."[4]

---

* 독일 낭만주의 시인 노발리스의 소설 제목에서 따온 말. 독일 낭만주의를 대표적으로 상징하는 표현이기도 하다.

부르주아 사회는 스스로를 폐쇄하면서 행복의 섬에 대한 꿈을 키웠다. 세속화, 산업화, 기술 발전, 제1차 세계대전의 대재앙, 그리고 혁명적 각성의 실패는 크라카우어가 1922년에 "우리를 둘러싼 정신적 공간의 고갈"[5]이라고 표현한 전례 없는 위기의식을 불러왔다. 또한 롤프 비거스하우스는 막스 호르크하이머 등이 처한 상황을 언급하면서 "중산층과 상위중산층 가정의 많은 아들들(주로 유대인)이 새로운 삶과 새로운 인간을 열망했고, 경제가 문화를 지배하는 것이 아니라 문화가 경제를 지배하는 '새로운 사회'에서 이런 열망이 실현되기를 원했다"[6]고 지적했다. 1914년으로 돌아가면, 19살의 호르크하이머는 자신의 삶이 처한 환경을 바탕으로 쓴 격정적인 산문 「행복의 섬」(L'île heureuse)에서 폐쇄적 사회의 특징을 다음과 같이 설명했다. "우리는 대중의 욕구에 부합하려는 문명의 저열함과 취약함을 보고 있다. 우리는 돈과 명예를 위한 싸움, 의무와 걱정, 전쟁에 찌든 국가에서 벗어나 더 순수하고 밝은 세계, 명료하고 진정한 필요에 부응하는 세계로 나아가야만 한다."[7] 탈출을 갈망하는 사람들은 자신들의 희망의 섬을 찾기 시작했다.

이러한 갈망을 채워주는 진짜 섬—예를 들어 카프리—을 발견하면 사람들은 그곳을 떠나려 하지 않았다. 카프리는 다양한 환경에서 수많은 이유로 모인 여행자들로 넘쳐났다. 화가 조르조 데 키리코의 동생 알베르토 사비니오는 "이 여행자들은 감상주의, 중부 유럽의 미학주의, 자연숭배 등 온갖 이질적인 요소들을 뒤섞어서 이 섬을 우주적 자력의 발원지로 만든 한가하고 유쾌한 사람들이다"[8]라고 썼다.

이런 분위기를 감안할 때 여기에 3주간 체류한 아도르노와 크라카우어는 가장 짧게 머문 예외적인 손님이었을 것이다. 그들은 체류 마지막에 이르러서야 나폴리 만에서 제법 오랫동안 머물고 있던 두 명의 지인을 만났고, 이 만남을 계기로 이 섬 특유의 또 하나의 이질적 결합이 만들어졌다. 알프레트 존-레텔과 발터 벤야민이 그들이다.

어떤 의미에서 알프레트 존-레텔은 평범한 방문자였다. 다양한 재능을 지닌 그는 남부 이탈리아를 방문할 여러 가지 이유가 있었는데, 대부분 화가로서 방문했다. 카프리의 풍광은 영감을 자극하는 이상적인 원천이었으며, 여러 화가들이 한번 방문했다가 풍광에 반해서 정착하는 경우가 많았다. 존-레텔은 명망 높은 화가 집안에서 태어났다. 그의 고조부는 19세기에 가장 유명했던 독일 역사화가였으며, 두 삼촌인 오토와 칼 역시 화가였고 카프리와 포시타노에 별장을 가지고 있었다. 존-레텔은 1920년대에 이 집에서 자주 머물곤 했다. 그러나 이미 화가가 넘쳐나던 가족은 모든 방법을 동원해서 그가 화가가 되는 것을 막았다. 어머니는 그를 가족과 친분이 깊은 기업가 에른스트 푄스겐(Ernst Poensgen)에게 위탁해서 예술과 무관한 교육을 받게 했다. "위탁 가정인 푄스겐의 집은 예술과는 동떨어진 곳이었다. 나는 하키와 테니스를 했지만, 음악은 찾아볼 수 없었고, 이런 양육의 틀 안에서는 그림과 스케치로부터 멀어질 수밖에 없었다"[9]고 존-레텔은 나중에 회상했다.

존-레텔은 당시 사업가로 성장하기 위한 수련의 일환으로 남부 유럽에 온 것으로 보이는데, 이런 가족의 기대를 과감하게 뿌리쳤

알프레트 존-레텔(1924년경)　　　발터 벤야민(1920년대)

다. 그는 러시아에서 온 혁명적인 학생과 우정을 쌓았으며 곧 급진주의자가 되었다. 그는 게르하르트 하웁트만(Gerhart Hauptmann)의 자연주의 연극 공연에 참여했고, 양부인 푄스겐에게는 크리스마스 선물로 마르크스의 세 권짜리 책 『자본』을 받고 싶다고 요청하기도 했다. 가족을 떠난 그는 오스트로마르크스주의자*인 에밀 레데러(Emil Lederer)가 가르치고 있는 하이델베르크 대학에 입학하였으며, 에른스트 톨러(Ernst Toller)의 영향을 받아 반전운동에 뛰어들었다. 올덴부르크의 한 출판업자가 그에게 매달 250마르크를 지원하면서 문화철학에 대한 박사 논문을 쓸 것을 제안했다. 1920년대에는 이 정도 재정 형편으로는 인플레이션이 극심한 독일보다 이탈리아에 체류하는 것이 훨씬 수월했다.[10] 이런 면에서 존-레텔은 카프리로

---

* 19세기 말부터 1930년대까지 오스트리아를 중심으로 활동한 마르크스주의 분파로, 민족주의와 사회주의의 조화를 꾀했고 사민주의적 경향을 띠었다. 주요 인물로 오토 바우어, 카를 레너 등이 있다.

몰려온 또 다른 이주자 집단, 즉 재정 상태가 곤궁한 지식인 가운데 한 명이었다.

카프리는 존-레텔에게 피난처를 제공했으며, 그의 마르크스 연구는 사회 혁명의 마지막 성채였다. "마르크스가 살아있었다면 우리가 걱정하던 세상은 이미 종말을 고했을 것이다"[11]라고 그는 썼다. 그러나 혁명은 치욕스러운 실패로 끝났고, 마르크스 이론도 부르주아 수정주의로부터 점점 더 많은 압력을 받게 되었다. 이런 상황을 앉아서 지켜만 볼 수 없었던 존-레텔은 마르크스의 『자본』을 탄탄한 학문적 토대 위에 올려놓는 야심 찬 프로젝트를 시작했다. 존-레텔의 분석에 의하면 『자본』은 원래의 기획에 부응하지 못했다. 즉 "비판적 분석의 대상으로서 『자본』의 여러 요소들은 엄격한 비판을 감당하지 못한다."[12] 따라서 그는 이 책의 첫 두 장을 반복해서 읽으면서 자신이 생각하는 효과적인 재구성 형식을 찾기 위해 노력했고, 마르크스의 저작을 의심스러운 모순과 끊임없이 산만하고 짜증스러운 은유로부터 떼어놓기 위해 "산더미만 한 글 뭉치"를 생산했다.[13] 존-레텔은 당시를 회상하며, "미친 듯한 집중력"으로 인해 외부와의 소통이 단절되었고 "거의 독백하듯" 말하곤 했다고 썼다.[14]

아도르노는 나중에 호르크하이머에게 그를 가리켜 "편집증적 사고방식을 가진 매우 고립된 사람으로서 … 학문적 전문용어와 지적 도구를 동원하여 자신을 치켜세우려는 정신병자처럼, 잡다한 개념적 장치를 사용하여 주변으로부터 고립된 자신을 보상받으려고 한다"고 묘사했다.[15] 아도르노의 이런 묘사에는 일종의 경계심이 작용했다.

 카프리에 정착한 이주자의 원형은 로마 황제 티베리우스였는데, 그는 광대한 제국의 권좌를 이 작은 섬으로 옮겨와 세상을 놀라게 했다. 그는 세 차례에 걸쳐서 이 섬을 떠나려고 했으나 실패했고 마지막 시도 중에 죽은 것으로 전해진다. 발터 벤야민은 카프리를 방문한 많은 사람들이 "이곳을 스스로 떠나지 못한다"[16]고 언급하면서 티베리우스를 예로 들었다. 1920년대에 벤야민은 아직 유명하지는 않았지만 이미 빛나는 기운을 가지고 있었다고 아도르노는 회상했다. 당시 독자들은 괴테의 소설 『선택적 친화력』에 대한 벤야민의 평론에 큰 감명을 받았다. 이전의 평론에서 횔덜린의 시 두 편이 가진 '내적 형식'을 규정하려고 시도했던 것처럼 그는 괴테의 소설에 숨어있는 진리 내용을 추적하고자 했고, 등장인물들이 빠져나오지 못하는 신화적 요소—겉으로는 인지하고 있는 것처럼 보이는 요소—에서 그것을 발견했다.[17]

 이제 벤야민은 더 광범위한 미적 양식을 탐구하기를 원했고, "마음속에 큰 그림을 그릴 수 있도록 허락하는 자유로운 환경"[18]을 제공하는 장소에서 자신의 박사학위 논문인 『독일 비애극의 원천』을 완성할 수 있기를 희망했다. 독일 바로크 비애극과 관련 문헌에서 ("최고 중요도와 명료함"[19]을 기준으로) 발췌한 600개의 인용문을 갖춘 그는 1924년 4월 남부 이탈리아로 향했고 카프리에 정착했다. 카프리에 존재하는 높은 수준의 방사능이 여행자들을 유혹해서 머물게 한다는 퀴리 부인의 추정을 그가 골똘히 생각한 것을 보면, 당시 발

발터 벤야민이 1924년에 보낸 엽서.
카프리 해안의 비아 크루프(Via Krupp)와 파라리오니(faraglioni) 바위를 담고 있다.
(출처: Deutsches Literaturarchive Marbach)

카프리의 히디가이가이 카페. 조르조 좀머 사진(1890년경)

견된 방사능은 인체에 유익한 물질로 간주되었던 것 같다. 물론 그가 "이 땅에서 점점 더 큰 기운이 내 안으로 모여들고 있다"[20]고 느낀 이유는 다른 데 있었다.

케이블카를 이용하는 승객들이 타고내리는 대광장 피아제타 바로 뒤에 위치한 카페에 대해서 사르비노는 "카페 모르가노를 보지 않고 카프리를 떠나는 것은 피라미드를 보지 않고 이집트를 떠나는 것과 같다"[21]고 썼다. '춤 카터 히디가이가이'(Zum Kater Hidigeigei)[*]로 알려진 이 카페는 카프리 여행자의 약속 장소로 명성을 얻었다. 사르비노에 의하면 이곳은 "세상에서 가장 포근하고 활기찬 카페"[22]

---

* '히디가이가이'는 빅토르 네슬러의 오페라 〈재킹겐의 나팔수〉에 나오는 수고양이 이름이다. '고양이 히디가이가이를 위하여!'(건배사)라는 뜻.

1. 행복의 섬

였다. 벤야민도 이 평가에 동의한 듯 보인다. 그는 여기서 "이런저런 사람들"[23]을 만났는데, 그 가운데 가장 주목할 만한 사람은 "내가 만난 가장 뛰어난 여성 중 한 명"[24]인 라트비아 출신의 여성 볼셰비키 아샤 라시스(Asja Lācis)였다.

마르크스주의자 존-레텔과 달리 라시스는 혁명에 정말로 성공한 나라 러시아의 10월 극장에서 온 사람이었다. 그는 연출가 프세볼로트 메이예르홀트(Vsevolod Meyerhold) 등과 함께 상트페테르부르크에서 혁명적인 전위 연극을 공부했으며, 프롤레타리아 아동 극장을 건립했다. 1924년에 카프리로 왔을 때 그는 이미 베를린 연극계에 대해 해박한 지식을 가지고 있었고, 베르톨트 브레히트와 함께 크리스토퍼 말로우의 희곡을 각색한 〈영국 에드워드 2세의 생애〉 공연에 참여했으며, 나중에 남편이 된 감독 겸 극작가 베른하르트 라이히와 함께 뮌헨의 극장에서 공연을 한 바 있었다.

라시스는 카프리의 기후가 그녀 딸의 건강에 도움이 될 것 같아서 그곳에 머무르고 있었다. 그리고 물론, 망명 중인 혁명가 막심 고리키가 1909년에 그곳에서 정치아카데미를 설립했다는 점도 고려 요소가 되었는데, 벤야민의 첫 거주지에서 그리 멀지 않은 곳이었다. "이곳에서 4개월 정도 지내고 나면 동지들은 상당한 수준의 정치적 통찰력을 얻고 러시아로 돌아갔다."[25] (이 양성센터는 몇 개월 운영되다가 중단되었지만, 카프리는 막심 고리키가 레닌의 전혀 새로운 인간적 면모를 발견하고 존경하게 된 계기가 된 섬이었다.[26]) 또한 라시스와 협업을 했던 브레히트도 첫 번째 아내인 마리안네 조프와 함께 카프리에서 휴가를 보내기도 했다.

아샤 라시스(1924년경)

라시스를 두 주 동안 지켜보던 끝에 벤야민은 기회를 포착했다. 그녀가 가게에서 '아몬드'를 이탈리아 말로 어떻게 부르는지 모르는 것을 보고 벤야민이 도와주겠다고 제안한 것이다. 더 친밀해지기 위한 노력으로 그는 아몬드를 집에까지 가져다주겠다고 추가로 제안했다. 이 무모한 두 번째 행동은 실패로 돌아갔다. 그의 서툰 손동작이 아몬드를 쏟아버렸기 때문이다. 그녀는 그가 지식인임을 눈치 챘고,[27] 별 감동을 받지 못했다.

그 후 몇 년 동안 라시스는 벤야민이 정치적 의식을 키우고 공산주의에 들락날락 관심을 보이는 데 영향을 준 것이 틀림없다. 이로 인해 벤야민은 당면한 정치 현실에서부터 우리를 둘러싼 일상의 사소한 일들을 통해 세계와 사회 상황을 이해하는 시각에 이르기까지 여러 면에서 관점의 변화를 겪게 된다.[20] 벤야민은 나중에 그의 서

1. 행복의 섬

29

서 『일방통행로』를 라시스에게 헌정하면서 그녀를 "나를 꿰뚫어 본 한 명의 엔지니어"[29]라고 묘사했다. 그러나 당시 카프리에서 그가 몰입하고 있던 주제와 독일 비애극 연구가 도대체 어디에 기여할 수 있는지를 묻는 라시스의 곤란한 질문에는 답변하지 못했다.[30]

카프리는 낭만주의자들에게 지리적 도피처였지만, 나폴리는 사회적 안식처였다. 나폴리는 거의 동양적이라고 느껴질 만큼 이질적이고 비유럽적인 세계를 형성하고 있었다. 프로테스탄트 윤리와 산업적 문화에 익숙한 사람들에게 나폴리는 쾌락주의, 나태함, 정욕에 물든 것처럼 보였고, 심지어 '유럽의 야만인들'이라는 표현이 유행하기도 했다. 그런 이유로 문명에서 벗어나려는 사람들에게는 천국이나 다름없었다. 벤야민은 카프리에서 나폴리로 스무 번 이상 여행하면서, 라시스와 공동으로 집필한 「나폴리」라는 제목의 에세이에서 나폴리가 지닌 혼란스런 다중성을 형상화했다. 아무것도 영구적으로 정해진 것이 없으며, 내부와 외부, 젊음과 늙음, 타락과 성스러움 등 모든 것이 즉흥적이고 뒤틀려서 놀라운 결과를 낳는 곳이었다. 벤야민에게 나폴리는 "파리를 제외하면 내가 본 도시 중 가장 지글지글 끓는 도시였다."[31]

2
비극의 여행지

    아도르노와 크라카우어는 호르크하이머와 마찬가지로 중산층 또는 상위중산층 가정 출신이었다. 아도르노의 아버지는 성공한 와인 수입업자였으며, 크라카우어의 아버지는 여행업에 종사했다. 크라카우어는 같은 세대의 여러 젊은이들과 마찬가지로 부모의 편협한 세계관과 갈등을 빚었지만, 『프랑크푸르터 차이퉁』의 편집자로서 겉으로는 성공적으로 부모에게서 해방되었으며, 존-레텔이나 벤야민과 달리 바이마르 공화국의 소부르주아적인 문화에 제법 익숙했다. 아도르노에게 그런 해방은 필요 없었다. 그는 어머니와 이모 아래서 지낸 생활을 유토피아적 안식처로 일관되게 묘사했으며, 그들로부터 음악적 재능까지 물려받았다. 아도르노는 그의 '행복의 섬'을 다른 곳이 아닌 가정에서 찾은 행운아였다. 이탈리아에 온 아도르노와 크라카우어는 존-레텔이나 벤야민처럼 이탈리아 남부에 오래 머물던 사람들과는 사정이 달랐다. 그들은 교양을 쌓기 위한 전형적인 부르주아 여행자였다.

따라서 아도르노가 처음에 나폴리 만에 별 감흥을 느끼지 못한 것은 놀랍지 않다. 그는 카프리에 머무는 동안 음악 스승인 알반 베르크에게 보낸 편지에서 "여기서 현실을 통각(統覺)하고 있습니다"[1]라고 썼다. 그러나 현실을 통각한다는 말은 일종의 조롱이었다. 그는 "화산이 삶을 통제하고 협잡꾼이 구원받는 땅"은 그의 공적 영혼에 부합하지 않으며, 티롤 지방이나 빈 같은 곳으로 돌아가고 싶다고 썼다.[2]

칸트의 용어인 '통각'(Apperzipieren)은 낯선 장소를 경험할 때 아도르노가 진짜로 문제를 삼았던 것이 무엇인지를 보여준다. 그에게 있어서 여행은 새로운 세계에 대한 탐험이나 삶의 대안적 경로가 아니라 자신의 이론적 관심을 추구하기 위한 기회였다. 그는 후기에는 학문적 의무의 구속에서 벗어나 저술에 매달릴 목적으로 여행을 하곤 했지만, 초기에는 독서에 매진하기 위한 수단으로 여행을 택했다. 이 점에서는 아도르노 혼자만 그런 것이 아니었다. 제1차 세계대전이 끝난 어느 일요일 오후에 크라카우어는 칸트의 『순수이성비판』을 이용하여 철학 문헌을 독해하는 유쾌하고 전복적인 방식을 그에게 보여주었다. 복잡한 구조를 파악하기 위한 고통스러운 탐구에 몰입하는 대신 크라카우어와 아도르노는 거기서 드러나는 분명한 모순을 들여다보는 훈련을 했다. "나는 나의 학문적 스승보다 이런 독서에서 더 많은 것을 배웠다"는 아도르노의 고백은 결코 과장이 아니다. 아도르노는 나중에 이렇게 회상했다. "대단한 재능을 지닌 교사인 크라카우어는 생생하게 살아있는 칸트를 나에게 보여주었다. 그의 지도 아래서 나는 처음부터 칸트의 책을 단순한 인식론이나 과학적으로 타당한 판단의 조건에 대한 분석이 아니라, 정신의 역사적 상황을 독해할 수 있는 일종의 암호화된 문헌으로 접근했고, 그렇게 함으로써 진리 그 자체에 접근할 수 있을 것이라는 막연한 기대를 가질 수 있었다."[3]

동반여행은 두 사람이 독서에 진도를 올릴 수 있는 이상적인 방법이었다. 크라카우어와 아도르노는 1920년대 초에 인상적인 독서 목록을 완성했다. 그 목록에는 니체가 있었으며, 크라카우어는 다른 친구들을 초대해서 헤겔 독서클럽을 만들기도 했다. 크라카우어에게 키르케고르의 실존주의는 중요한 준거가 되었는데, 키르케고르 철학은 수없이 많은 탐정소설을 읽기 위한 철학적 근거를 제공했고, "현실이 상실된 삶"[4]에 대한 이 소설들의 표현 방식을 탐구하도록 이끌었다. 그들은 또한 현대 철학자들의 저작도 탐독했다. 아도르노는 죄르지 루카치, 에른스트 블로흐, 발터 벤야민, 프란츠 로젠츠바이크 등에 열중했다. 그러나 현실 세계에 대한 시각과 마찬가지로 아도르노는 자신의 독서 여정에서 방문한 지적 풍경에 대해서 다소 유보적인 태도를 유지했다. "나는 『선택적 친화력』을 읽으면서 나 스스로 프리넬*의 해석에 동의하고 있음을 깨달았다, 그러나 벤야민에 대해서는 동의할 수 없다. 그는 텍스트 안으로 들어가서 읽기만 했지 거기서 뭔가를 유추하지는 못했고, 결과적으로 괴테의 실체를 발견하는 데 실패했다"[5]고 아도르노는 괴테 소설에 대

---

* 'Siegfried'에서 딴 크라카우어의 애칭. 아도르노는 Theodor에서 따서 '테디'(Teddie)로 불렸다.

한 벤야민의 글을 평가했다. 이것은 하나의 예일 뿐이다. 초기 아도르노의 지적 에너지는 주로 집단의 풋내기로서 자신의 주장을 강조하거나 방어하기 위한 방식으로 표출되었으며, 나아가 종종 자신에 대한 깊은 인상을 심어주기 위해 다른 사람들을 조롱해서 화를 자초하기도 했다. 지인들의 발표를 평하면서 그는 크라카우어에게 다음과 같이 썼다. "블로흐의 혼란은 얼마나 어두운지, … 얼마나 잘못된 것인지, 벤야민 식의 형이상학은 언제나 끝나려고 하는지 모르겠어요."[6]

이런 종류의 평가는 이 시기 아도르노의 성격에 대한 설명과 일치하고 있다. 소마 모르겐슈테른이 전차를 타기 위해 아도르노와 오래 걸으면서 나눈 이야기는, 다소 과장된 면도 없지는 않지만, 아도르노에 대한 평판의 일단을 잘 보여준다. 모르겐슈테른은 아도르노가 끊임없이 말을 걸었고, 자기가 정식으로 작별인사를 한 후 전차에 올라탔음에도 불구하고 어이없다는 듯이 자기를 바라봤다고 기술했다.[7] 작곡가 에른스트 크셰네크는 "그는 내 오페라 〈그늘 위를 난다〉 리허설에서 나의 관심을 끌기 위해서 일부러 장난을 치는 등 다소 지나치게 튀는 젊은이였지만,"[8] 그러나 "그는 내 인생의 중요한 몇 년을 이끈 강렬한 인상을 남긴 동지가 되었다"[9]고 아도르노를 회상했다. 1920년대의 아도르노는 다른 사람의 촉각에 그의 천재성이 금세 잡히는 명석하고 조숙한 사색가였다. 아도르노는 나중에 자신을 "잘 훈련된 성급함"을 갖춘 사람이라고 묘사하곤 했다. 반면에 현실에 대해서는, 심지어는 그의 주변 환경에 있는 다른 사람들이 생각하는 현실에 대해서도 상당히 무지한 것으로 보였다.

설상가상으로 그의 나폴리 여행은 처음부터 불운했고, 실제로 여행이 성사된 것 자체가 기적이었다. 크라카우어는 겉으로는 안정적이고 성공한 인물처럼 보였지만, 실제로는 매우 복잡하고 불안정한 사람이었다. "나는 혼돈 그 자체이며 소년처럼 불안정하다"[10]고 그는 썼다. 그는 아직 그의 형이상학적 음악성을 과도하게 근대화된 세계와 화해시키지 못했으며, 기대하던 상황이 와도 "머뭇머뭇 열린 마음"으로 대했다. 게다가 크라카우어는 아도르노를 연모해서 그를 "사랑스러운 인간의 표상"이라고 표현했다. 그는 이 문제와 관련하여 뢰벤탈에게 보낸 편지에서 "나는 정신적인 면에서 나 자신을 동성애자라고 인정하지 않을 수 없다"[11]고 공개적으로 밝히기까지 했다. 1920년대 초, 크라카우어는 (그가 보기에는) "대부분 나와 루카치"[12]로 채워져 있었던 아도르노가 천천히 그러나 분명하게 자기의 영향에서 벗어나서 여성과 사랑에 빠지고, 더 나쁘게는 독립적으로 지적 관심을 발전시키는 과정을 고통스럽게 지켜봐야 했다. 그 이전인 1924년의 돌로미티 산록과 가르다 호수 여행은 이미 크라카우어에게는 고문이나 다름없었다. 아도르노에 대한 그의 연정은 "정말 유해하고 소름끼치는 짓"[13]이었다. 크라카우어는 이러한 감정을 극복하려고 노력했으나, 결국 실패했다.

둘 사이의 위기는 아도르노가 1925년 아널드 쇤베르크의 제자인 알반 베르크에게 작곡을 배우기 위해 빈으로 떠났을 때 더 고조되었다. 이 기간 동안 두 사람이 주고받은 서신은 사랑과 거절의 고뇌와 황홀경에 대한 숨 막히는 기록이다. 편지의 무미건조한 표현은 위장된 낙관주의로 보였으며(그리고 실제로 그랬으며), 친절한 단어는 그들의 분열을 봉인하는 것처럼 보였다. 이러한 위태로운 관계에도 불구하고 두 사람은 결국 자신들의 미래에 대한 선언을 담은 전보를 교환하고 1925년 9월의 이탈리아 여행을 계획할 수 있었다. 물론 그들의 관계는 여전히 여행 자체에도 영향을 미쳤다. 아도르노는 알반 베르크에게 보낸 편지에서 "친구와 함께하는 것은 모든 면에서 흥미롭지만, 개인적으로는 상당한 대가를 치르게 합니다"[14]라고 썼다. 1928년 미래의 아내인 그레텔 카르플루스(Gretel Karplus)와 함께 나폴리로 다시 여행을 왔을 때 그는 "우리의 비극적인 장소"[15]에서 크라카우어에게 편지를 보냈다. 아도르노가 현실을 통각하는 데 그 이전보다 훨씬 뛰어난 재능을 가졌다 하더라도, 이런 상황에서 어떻게 그렇게 할 여유를 가졌을까?

3
공통의 관심사

1925년 9월 하순, 그러니까 크라카우어와 아도르노가 카프리, 포시타노, 라벨로, 에르콜라노[헤르쿨라네움], 폼페이, 아말피, 그리고 소렌토를 도는 3주간의 여행을 마치고 프랑크푸르트로 돌아가기 직전에 둘은 존-레텔과 벤야민을 만나게 되었다. 아도르노가 훗날 "우리는 40여 년 전 당시 지식인들이 만나던 방식대로 그저 대화를 나누기 위해, 그렇게 함으로써 서로 갉아먹고 있었던 이론적 뼈대를 조금씩 끄집어내기 위해 함께 시간을 보내곤 했다"[1]고 회상한 것처럼, 이 만남은 흔히 있는 '말다툼'에 불과했을까? 이 회상은 다소 완곡하게 표현된 것이다. 이러한 이론적 뼈대에는 종종 인간적 불화의 조각들이 포함되기 마련이다. 이 그룹에는 깨어질 위기에 처한 두 친구(아도르노와 크라카우어) 외에도, 토론 중에 벤야민이 가한 날카로운 지적을 두고 "내가 이제까지 정신적으로 경험한"[2] 가장 폭력적인 행위라고 회상한 자기 독백의 거장 존-레텔이 포함되어 있었다.

말더듬 증세가 있는 크라카우어는 대화의 속도를 잘 따라가지 못했다. 벤야민은 크라카우어에게 여전히 유감이 남아있었다. 그가 번역한 보들레르 시에 대해 크라카우어가 슈테판 츠바이크에게 서평―『프랑크푸르터 차이퉁』에 실릴 예정인―을 맡겨서 "편집자적인 골탕"을 먹였다고 믿고 있었기 때문이다.³ 츠바이크가 이 일을 감당할 수 없다는 게 분명했는데도 말이다. 벤야민은 이렇게 썼다. "S. K.에 한해서 하는 말: 신이시여, 부디 저를 친구들로부터 구해주시기를. 저는 제 힘으로 적들을 상대하고자 합니다."⁴

그렇다면 이들의 대화 주제는 무엇이었을까? 존-레텔, 벤야민, 크라카우어, 아도르노가 나폴리에서 만났을 때 들고 온 지적 여행 가방 속에는 마르크스 『자본』의 첫 두 장과 관련된 산더미만 한 글 뭉치, 바로크 비애극에서 발췌한 600개의 인용문, 키르케고르를 읽기 위해 필요한 탐정소설, 그리고 아도르노를 제외하고는 그 누구도 수수께끼를 풀 수 없었던 아널드 쇤베르크의 작곡법과 관련된 자료들이 가득 차 있었다. 이들 철학적 전투원들 각자가 자신의 이론적 뼈대에만 천착하고 있었다면, 이 다양한 아이디어들에서는 과연 어떤 종류의 공통분모가 나올 수 있었을까? 네 사람이 합의할 수 있는 자신들의 시대에 대한 공통의 언어나 진단은 무엇이었을까? 부르주아 사회가 폐쇄적이라는 주장은 당연히 정확한 것이지만, 이런 폐쇄성을 분석하고 개방된 사회를 건설하는 방법을 숙고할 수 있는 철학적 개념들은 과연 어떻게 고안될 수 있었을까?

이 전투에서 어떤 특별한 주제들이 논의되었는지를 확인할 수 있는 기록은 없다. 그러나 이 전투의 참가자들이 전투 직후에 쓴 것으로 추정되는 글들을 통해서 우리는 논쟁의 초점과 논의 전개 과정을 재구성할 수 있다.

『자본』 첫 두 장에 몰두한 존-레텔의 관심이 실마리를 제공한다. 마르크스는 자본주의 경제 시스템의 기초인 상품의 분석에서 시작했다. 물건은 교환될 수 있을 때, 즉 사용하는 것으로 끝나는 것이 아니라 교환가치가 추가될 때 비로소 상품이 된다. 그러나 교환되기 위해서는 여러 상품이 동등한 가치를 지녀야 한다. 마르크스에 따르면 이러한 등가성의 핵심은 상품의 자연적 속성이 아니라 그것을 생산하는 데 소요되는 노동에 의해서 결정된다. 상품은 공통의 척도—즉 추상적이고 균질적인 인간 노동—에 의해 측정될 수 있을 때 교환된다. 『자본』의 또 다른 독자인 죄르지 루카치는 그의 저서 『역사와 계급의식』에서 인간 노동의 이러한 추상적인 성격을 광범위한 역사적 퇴행의 관문으로 인식했다. 그에게 있어 상품의 등가성의 성립 과정은 자본주의적 생산양식의 비참한 본질이다. 질적으로 특별한 모든 것과 모든 개성이 다른 것과 관련되기 위해서 작은 단위로 잘게 쪼개지기 때문이다. 마르크스가 해방시키기를 원했던 생산관계의 합리화는 루카치에게는 단지 "더 큰 합리화, 노동자의 질적, 인간적, 개별적 속성을 끊임없이 제거하는 과정에 불과하다."[5] 이러한 제거를 표현하는 데 사용된 표제어인 '물화'(Verdinglichung)는 사회 전체에 걸쳐 영향을 미친다. 즉 생산되는 물건뿐만 아니라 사법체계, 관료제, 노동자의 영혼 등을 관통하는 것이다. 루카치에게 상품적 관계가 가진 구조는 "부르주아 사회의 모든 객관적 형식과 그에 상응하는 모든 주관적 형식의 모델이다."[6]

벤야민이 게르숌 숄렘에게 보낸 엽서.
무솔리니의 선동구호가 인쇄되어 있다.

마르크스 분석에 대한 루카치 식의 변형은 폐쇄된 세계에 대한 실존적 쓸쓸함의 적절한 표현이다. 예를 들어 크라카우어는 현대인이 "일상생활에 내몰려 기술적 과잉의 심복으로 전락했다. 테일러주의의 인본주의적 기초에도 불구하고, 또는 아마도 그 때문에 현대인은 기계의 주인이 아니라 오히려 기계처럼 변형된다"고 썼다. 라시스와의 만남으로 인해 자신의 견해가 근본적으로 흔들리고 있던 벤야민은, 카프리 섬에서 『역사와 계급의식』에 대한 에른스트 블로흐의 서평을 읽은 후에 친구 게르숌 숄렘에게 보내는 편지에 이렇게 썼다. "여기에 몇 가지 참조점이 집약되어 있더군. 개인적인 생각에 더해 루카치의 책에도 있는 것들인데, 루카치는 정치적 고려사항에서 출발하여 인식론에 이르기까지, 그리고 아마도 내가 처음에 추측했던 만큼 광범위하지는 않아도 적어도 부분적으로는 내게 매우 친숙한 코드를 짚고 있고 내 관점이 옳다는 것을 보여주는 원칙들까지 다루고 있는 점에서 나를 놀라게 했다네."⁸

상품 형식의 분석은 독일 비애극에 대한 벤야민의 책에서도 원용되고 있는데, 여기서 그는 교환에 의해 야기된 임의성을 극단적으로 (그리고 그로서는 전혀 새로운 방식으로) 묘사하고 있다. "어떤 사람도, 어떤 대상도, 어떤 관계도 그 밖의 다른 것을 언제든 의미할 수 있다."⁹ 여기서 벤야민은 바로크 연극의 알레고리 기법*에 대해 지적하고 있지만, 이 지적은 시대에 대한 진단이기도 하다. "이러한 가능성(교환가능성을 말함—옮긴이)은 이 불경스러운 세계에 대해 파괴적이지만 공정한 판결을 내리게 해준다. 즉 이 세계는 세부적인 개성이 그다지 중요하지 않은 세계로 특징지을 수 있다."¹⁰ 이 세상은 불경스럽게 만들어진 것, 비워진 것들로 이루어져 있기 때문에 불경하다. 따라서 바로크 비애극의 내용에 대한 벤야민의 분석은 폐쇄된 공간만을 다룬다. 세계는 그 자체로 충분하며, 그 너머를 바라볼 수 있는 어떤 관점도 갖고 있지 않기 때문이다. 벤야민이 "바로크에는 종말론이 없다"고 결론지은 것도 그 때문이다.¹¹ 이와 유사하게 크라카우어는 탐정소설에 대한 논문에서 신성함을 잃어버린

---

* 흔히 우의(寓意)로 번역되는 '알레고리'는 말하고자 하는 대상을 그것과 별로 연관성이 없는 대상에 빗대어 암시적으로 표현하는 기법을 말한다. 따라서 알레고리에서는 주어진 것이 어떤 대상을 지칭하는지가 애매하고, 여러 대상을 지칭할 수 있기 때문에 다의적이다. 벤야민은 알레고리 기법의 이런 임의성과 모호성이 무엇이든 상호교환될 수 있는 파편화된 세계상—따라서 초월이 없이 불경하고 허망한 세상—을 드러낸다고 본다.

신의 거처를 세속적으로 대체하는 장소로 호텔 로비를 든다. 초월은 내재성의 영역으로, 상층은 하층으로 완전히 끌려 내려온다.¹²

벤야민, 존-레텔, 크라카우어, 아도르노가 1925년에 나폴리에서 만났을 때, 『역사와 계급의식』은 출판된 지 일 년 밖에 되지 않았다. 루카치의 또 다른 책 『소설의 이론』은 그보다 수년 전에 출판되었기 때문에 미학적으로 관심이 많았던 이 나폴리 여행자들의 관심을 끌 수 있는 시간적 여유가 더 있었다. 『소설의 이론』은 현대 세계에 대한 우려를 아직 마르크스적 용어로 형식화하지는 않았다. 대신에 그는 서사시 이후의 세계가 지닌 무의미함을 보여주는 이미지를 제시했다. 인간이 만든 세계는 썩어 없어졌고, 이제는 "오래전에 죽은 내면들의 납골당"¹³이 되었다. 우리를 둘러싸고 있는 것은 더 이상 아무것도 할 수 없는 석화되고 소외된 해골들뿐이다. 납골당은 모든 선한 영혼이 떠난 세계, 모든 의미와 초월의 희망을 잃어버린 근대성의 이미지이다. "사물에서 온기가 사라지고 있다. 매일 사용하는 물건은 부드럽지만 끈질기게 우리를 밀어낸다"¹⁴고 벤야민은 썼다. 그렇다면 벤야민, 존-레텔, 에른스트 블로흐, 그리고 다른 많은 사람들은 과연 나폴리 만과 아말피 해안에서 아직 현대화되지 않고 소외되지 않은 삶을 지향하는 마지막 햇살에 몸을 담그고, 현대의 경직성에서 벗어난 다공성의 풍경을 경험했던 것일까?

벤야민과 함께 나폴리를 자주 둘러봤던 존-레텔은 일련의 짧은 글들에서 현대화에 저항하는 무절제한 나폴리의 모습을 유쾌하게 묘사했다. 오래된 당나귀 수레는 교통을 방해했고, 기계들은 늘 고장 나 있는 상태였다. 어린 시절 그의 양아버지인 푄스겐을 통해서

고도 산업화된 세계를 충분히 접했던[15] 존-레텔은 아직 충분히 현대화되지 않은 "나폴리의 농업 기반"[16]과 "아주 오래된 관습이 남아 있는 사회"[17]를 좋아하는 듯했다. 그는 베수비오 산 정상과 연결된 케이블카를 거부하고 말을 타거나 걸어서 화산에 올랐다.

이 철학적 싸움꾼들이 나폴리에 모였을 때 동의한 최소한의 공통분모는 과연 이런 것뿐이었을까? 현대 세계의 황폐함을 한탄하는 것? 그리고 이 황폐함이 아직 완전히 자리 잡지 않은 곳에 있다는 행복감? 그들은 근대성이 강요하는 소외에서 벗어나려는 낭만적 여행자 무리에 그저 합류한 것인가? 해골이 되어 교환가능한 존재가 되지 않은 데 만족하면서?

4
납골당

 사실은 정반대였다. '나폴리'는 냉혹한 근대성에 대한 대안적 개념이 아니었다. 나폴리는 근대성에서 벗어난 곳이 아니라 오히려 근대성을 '통과해서' 나아갈 수 있는 길을 제시하는 가장 매력적인 장소였다. 루카치의 납골당 은유—즉 '물화'의 안치소라는 은유—는 나폴리 여기저기에 널려 있었다. 이곳처럼 모든 종류의 해골이 표면 위로 드러나 있는 장소를 찾기는 어려울 것이다. 건축자재로 쓰기 위해 돌을 파낸 땅 아래에는 나폴리의 부정적인 이미지가 숨겨져 있었다. 역병이 돌던 17세기에는 돌을 파낸 텅 빈 공간이 실제로 납골당 기능을 했고, 그곳에 안치된 유골을 위한 종교의식이 생겨서 전승되었다. 나폴리 사람들은 유골을 이용해서 개인적 수호성인의 형상을 만들고 돌보면서 자신들의 미래를 점치고 소원성취를 빌었다. 우리는 나폴리에서 물화의 극단적인 은유가 매우 친근한 빛 아래 다시 놓이는 것을 본다. 즉 납골당은 물화로 인해 잃어버린

나폴리 폰타넬레 공동묘지, 도미니크 마투스 사진(출처: Wiki Commons)

듯 보이는 유대감, 친밀함, 온기, 그리고 초월성을 보증해주는 장소가 된다.

이 메커니즘은 본래의 기능을 상실한 사물—이 경우는 은유가 아니지만—에도 똑같이 잘 적용되었다. 즉석 제작에 익숙한 나폴리 사람들은 고장 난 도구들을 "망가진 것들의 보물창고"로 바꾸고, 그것들은 한데 모아 새롭고 놀라운 것을 창조했다.[1] 존-레텔은 고장 난 배의 모터로 커피를 만드는 어느 뱃사람과,[2] 작동하지 않는 오토바이 부품으로 휘핑크림 기계를 만드는 어느 가게주인에 대해[3] 이야기한다.

존-레텔의 묘사는 이탈리아를 여행한 가장 유명한 독일인인 괴테의 흥분을 상기시킨다. 괴테는 그의 『이탈리아 기행』에서 나폴리 사람을 가리켜 "나는 이 사람들에게서 부자가 되기 위해서가 아니라 자유롭게 살기 위해 발휘된 가장 활기찬 근면성을 본다"[4]고 썼다. 기업가의 양아들 존-레텔은 나폴리 사람들의 전복적인 근면성에 대한 이 서술에 개념적 틀을 부여했다. 사물은 파괴되거나 관행적 맥락에서 제거되었을 때 비로소 그것이 지닌 마법을 펼쳐 보인다. 루카치는 물화에 의한 소외를 개탄했지만, 이 소외가 여기서는 새롭고 즐거운 무엇인가를 탄생시키는 계기가 된다. "이 도시에서는 이런 식으로 가장 복잡한 기계장치들이 함께 모여 가장 단순하지만 상상할 수 없는 기능을 수행한다"[5]고 존-레텔은 썼다. 낯선 대상들과 납골당은 이렇게 하여 소외되고 불경스러운 본성으로부터 스스로를 부활시키는 능력을 부여받는다고 그는 주장했다. 초월은 상실되지 않았다. 대신 소외된 대상 안으로 들어갔다. 존-레텔은 그의 글 「망가진 것의 이념―나폴리의 기술에 대하여」에서 전구와 같은 세속적 물건이 어떻게 축제의 소재로 변신하고, "성모 마리아의 후광과 같은 성스러운 이미지와 결합하여 경건한 영혼들을 매료시키는지"[6]에 대해 기술하고 있다.

나폴리는 벤야민이 독일 바로크 비애극에 관한 책을 완성할 수 있는 이상적인 장소였다. 왜냐하면 바로크 연극의 구조야말로 세속이 초월로 변모하는 바로 그 메커니즘에서 비롯된 것이기 때문이다. 앞서 언급한 교환가능성(Vertauschbarkeit) 개념은 벤야민이 기술한 알레고리 기법의 변증법에서 전반부에 불과하다. 즉 "무엇을 의미하는 데 사용된 소품들"은 모두 "그것들이 다른 어떤 것을 가리킨다는 바로 그 사실 때문에 더 이상 세속적인 것들과 양립할 수 없는 것처럼 보이고, 더 높은 차원으로 끌어올려져서 실로 거룩해지는 힘"[7]을 얻는다. 벤야민은 "바로크에는 종말론이 없다"고 말했지만, 이 문장은 "바로 그런 이유로 해서 지상의 모든 사물이 종말에 맡겨지기 전에 함께 모여서 자신을 고양시키는 메커니즘이 있다"[8]는 말로 이어진다. 독일 바로크 비애극을 다룬 이 책 마지막에서 벤야민은 산더미 같이 쌓인 사체와 공허한 삶의 세속성이 신의 은혜로운 구원 행위에 의해 변모되는 과정을 보여준다.[9] 그의 나폴리 글은 이러한 메커니즘의 한 예를 들면서 시작한다. 즉 불명예스럽게 파문당한 어느 사제가 자신의 종교적 소명을 재개할 좋은 기회를 맞는 사례가 그것이다.

루카치의 납골당은 주체에게는 더 이상 쓸모가 없는 죽은 것들로 채워진 세계의 은유이다. 이 은유는 벤야민과 라시스의 글에서는 포괄적인 구조적 원리로 바뀐다. 「나폴리」에세이의 핵심 개념인 '다공성'도 물화를 진단하기 위한 도구의 일종이지만, 이 글에서는 루카치와 다르게 긍정적인 의미로 사용된다. "다공성은 이 도시 어디에서나 나타나는 고갈되지 않는 삶의 법칙이다"라고 벤야민은 썼다.[10] 라시스와 벤야민은 이 법칙이 일상생활의 모든 영역에 침투해 있는 것을 관찰했다. 심지어 맛없는 얼음 주스에서도 다공성이 발견된다.* 아무것도 그 자체로 순수하거나 단순하게 존재하지 않는다. 모든 것은 교환가능하며 자신이 아닌 다른 것들과 연결되어 있

---

* 'Porosität'(英 porosity)는 다공성 외에 투과성(스며듦)의 의미도 가지고 있으며, 학술 번역에서는 종종 후자로 옮기기도 한다. 교환가능성의 의미로 이 단어가 쓰일 때는 '투과성'에 가깝다고 할 수 있다.

다. 남부 이탈리아의 환경에서 다공성은 다음과 같이 나타난다. "결정의 도장은 찍히지 않는다. 상황은 늘 변화하며, 어떤 사람도 '저것이 아니고 이것'이라고 분명하게 주장하지 않는다."[11] 다공성은 알레고리의 변증법을 통해서 활기와 놀라움 그리고 삶의 세밀한 장면을 매력적으로 창조한다. 앞에서 언급한 파문당한 사제는 신자들에게 다시 축복을 할 수 있고, 성스러운 주일은 세속적인 주말로 이어지며, 사생활과 공적 영역은 서로 뒤섞인다. 그 자체로는 아무 의미없는 것들이 거대한 "뒤섞임의 과정"[12]을 거쳐서 풍요로움으로 가는 길을 만든다. 벤야민에 대한 모든 포스트모더니즘 분석에서 '다공성'이라는 용어에 대한 세밀한 개념적 연구가 그토록 드물다는 것은 놀라운 일이다. 이 용어가 그 묘사력을 희생하지 않으면서도 본래의 총체성이나 통합성이 가진 낭만적이고 이데올로기적인 속성에 구멍을 내는 맞춤도구라도 되는 듯 여기면서 말이다. 사실 이 용어가 가진 묘사력은 차이로 이루어진 구도를 흐트러뜨리는 데서 오는 것이다.

1924년에 나폴리를 방문한 에른스트 블로흐는 한 무리의 나폴리 사람들이 식당에 들어가서 이미 한창 진행 중인 대화에 자연스럽게 끼어드는 장면을 본다. "나는 그곳에서 다공성에 대한 진정한 교훈을 얻었다. 거기에서는 아무도 공격적이지 않고, 모든 게 친근하고 개방적이며, 분산적이면서 집단적인 활기가 가득했다."[13] 그러나 다공성은 실재하는 것, 만질 수 있는 것에서 유래한 개념이다. 이 다공성을 경험하기 위해 필요한 것은 벤야민과 라시스가 한 것처럼 나폴리의 건물 벽을 손으로 훑으며 지나가보는 것이다. 응회암은 나폴리에서 사용되는 특별한 건축자재였다. 화산이 폭발하면서 분출된 마그마가 식으면서 증기와 가스가 분출되어 구멍이 숭숭 뚫린 화산석이 되었고 여기로 공기가 스며들었다. 화산석의 일부는 재로 변해서 쓸모가 없었지만, 마그마 조각들이 서로 뭉쳐서 큰 덩어리로 변한 응회암은 매우 유용했다. 바위에 공기가 많이 스며들어 있기 때문에 다른 건축자재보다 가벼웠고 단열성이 뛰어났다. 또한 암석의 강도가 상대적으로 물러서 원하는 형태로 쉽게 변형이 가능했다.

다공성은 물질의 속성이지만, 또한 공간도 정의한다. 나폴리 사람들은 응회암을 채석하고 생긴 공간에 앞서 언급한 지하묘지를 조성했고, 결국 이 도시는 건축에 사용한 응회암이 늘어나면서 점점 더 규모가 큰 다공성을 갖추게 되었다. 아도르노보다 10년쯤 늦게 나폴리를 둘러본 독일 작가 마르틴 모제바흐는 "폰타넬레 묘지의 동굴은 원래 채석장이었다. 수세기 동안 여기서 나온 엄청난 양의 응회암이 나폴리의 바로크 양식 건물에 들어가는 거대한 마름돌로 사용되었다"[14]고 썼다. 그는 납골당의 은유와 다공질 석재 사이에 차이가 없음을 지적하면서 다음과 같이 덧붙였다. "한때 여기에 묻혔던 사람들의 뼈는 오래 전에 분해되어 갈색 부스러기가 되었고 부서지기 쉬운 흑갈색 응회암과 구별할 수 없게 되었다."[15] 건축자재들은 이미 앙상한 뼈대만 남았고, 그것을 제거하면서 생긴 공간도 마찬가지였다. "원주나 기둥은 갈색 바닥에서 마치 뼈처럼 솟아올라서 완만한 아치형 천장의 돌 속으로 사라진다. 새로운 방들이 마치 돌로 굳은 거품처럼 사방으로 열려 있고, 벽에는 죽은 사람의 해골처럼 움푹 들어간 곳과 틈새가 파여 있다."[16]

라시스와 벤야민은 암석에서 공간적 형태로 변형되는 다공성의 확장 과정에 주목했다. 그들은 이 다공성이 석조 건물에 그치지 않고 모든 영역에 걸쳐 확산되어 있음을 즉각적으로 알아챘다. "저 아래 산마르티노 수도원의 통성기도가 들리지 않는 높은 곳"[17]으로 올라온 라시스와 벤야민은 험준한 지형의 이 도시에서 생활과 모임 공간으로 활용되는 수많은 석굴들을 자세하게 묘사했다. 그들은 나폴리 사람들이 돌을 파낸 빈 공간을 다듬어서 석굴로 조성했음을 지적하면서 거의 무의식적으로 다공성의 자연적 측면에서 문화적 생성으로 초점을 옮긴다. 그런 다음 라시스와 벤야민의 글은 자연에서 "세련된" 건축물로, 건축자재의 조합에서 최종 구조물의 완성으로 나아간 경로를 간략하게 정리한다. 즉 "이 돌의 무수한 구멍이 곧 건축이다."[18] 이 짧은 문장은 풍경에서 철학으로, 자연에서 문화로의 전환에 대한 요약이다. 그런 다음 라시스와 벤야민은 다공성의 개념을 더 확장해서 이런 건물들 안에서 펼쳐지는 사람들의 삶으로까지 나아간다. "정원, 상점, 계단에 이르기까지 건물과 인간의 행위가 서로 침투되어 있다. 모든 면에서 그것들은 새롭고 전혀 예상하지 못한 성좌의 무대가 되는 공간을 형성한다."[19]

이렇게 확장된 다공성의 개념은 건물과 건축을 뛰어넘어 벤야민과 라시스가 관찰했던 일상생활의 모든 현상을 기술하는 도구가 되었다. 이 원칙은 나폴리 글의 모든 묘사에 일관되게 적용되었다.

나폴리 모임 이후 30년이 지난 1955년에 아도르노는 벤야민 저작의 첫 선집을 발간했는데, 유물론자이자 마르크스주의자로서의 벤야민을 은폐하는 편향적 접근을 했다는 비판을 받았다. 1970년대에 들어오면서 이런 맥락에서 아샤 라시스가 끼친 영향력이 재발굴되었으며, 그녀의 회고록 『직업은 혁명가』의 출판 역시 벤야민이 공산주의와 관계를 맺는 데 끼친 그녀의 영향을 재평가하는 데 목적이 있었다.[20]

그러나 벤야민 선집에 대한 평가와 관계없이 아도르노가 나폴리 글에 대한 라시스의 기여를 무시한 것은 도저히 이해하기 어렵다. 어쨌든 아도르노 자신의 이론 자체가 저 두 사람의 상이한 이론적 입장의 건설적인 만남으로부터 상당한 수혜를 입은 것은 분명하며, 특히 라시스가 이 만남에 끼쳤을 법한 미묘한 차이에서는 더욱 그러하다.

바로크 비애극 연구에 몰두하던 벤야민이 연극의 렌즈를 통해 다공성의 아이디어를 본 것은 분명하지만, 이 비애극은 이미 지나간 시대에나 어울리는 연극이었다. 그는 다공성을 통해 그가 지금 마주하고 있는 사회 구조의 연극적 요소를 발견할 수 있을 것으로 생각했다. 연극 공연자인 라시스는 이상적인 협업자였는데, 따라서 벤야민과 라시스가 이탈리아식 즉흥극인 '코메디아 델라르테'(commedia dell'arte)의 발상지 나폴리를[21] 다양한 상연 공간, 연극적인 전경, 즉흥적인 연출 아이디어가 있는 "대중적 무대"로 본 것은 당연했다.[22] 혁명적 관점에서 연극을 익힌 라시스는 그것을 인민에게 되돌려주고 싶었다. 즉 연극을 엘리트 예술가의 행위에서 사회적 의미와 시의성을 갖춘 표현 수단으로 바꾸는 것이었다. 라시스는 이미 도시를 하나의 무대로 활용하는 경험을 했다. 라트비아의 수도 리가에서 이미 그녀는 지배자에 대한 피억압자의 투쟁을 "배우와 다른 참여자들이 도시 전체를 무대로 거대한 무리를 이루어 행진하는"[23] 풍자극으로 연출한 적이 있었다. 벤야민 역시 1924년 이전에 이미 횔덜린의 시를 검토하면서 비슷한 종류의 다층적 구성, 즉 "관계적 구조"[24]의 가능성을 탐구한 바 있었다. 벤야민에 따르면 횔덜린의 시적 기법은 서로 다른 것들을 자유로운 조합으로 재편하는 과정이다. "이렇게 하여 시 중심에서는 인간들, 천상의 존재들 그리고 군주들이, 말하자면 그들이 속한 낡은 질서로부터 곤두박질치면서 서로 연결된다."[25]

따라서 두 사람은 이미 나폴리의 풍광이 보여주는 구조적, 철학적 가능성에 주목하고 있었다. 또한 라시스와 벤야민은 나폴리 글에서 '다공성의 구조'라는 그 내용을 형식으로 치환했다. 즉 그들은 다공성에 '대하여' 썼을 뿐 아니라 다공적 방식으로 그것을 썼다. 그들의 글은 인과적 논증의 질서정연한 전개를 따르지 않았다. 논제와 예시 간의 연결도 없고, 서론, 논증, 결론도 체계적으로 연결되어 있지 않았다. 대신, 소재를 서로 촘촘하게 연결했고, 각 조각이 전체 그림에서 동일한 가치와 몫을 갖도록 했다.[26] 결과적으로 각각의 서술이 지향하는 교훈이나 요약도 없었다. 독자들은 그저 큰 원을 따라 돌면서 이 글이 묘사하는 다양한 파노라마가 통과하는 경유지들을 주의 깊게 살펴보면 되는 것이다.

벤야민과 라시스의 글에 대한 에른스트 블로흐의 '반응'과 비교하면 이런 서술 구조의 독특한 성격이 잘 드러난다. 1924년 "흙탕물처럼 흘러넘치는 독일식 유행"[27]을 좇아 카프리에 온 블로흐는 벤야민에게 루카치의 『역사와 계급의식』을 추천한 인물이었고, 특히 그의 책 『유토피아의 정신』으로 크라카우어, 아도르노, 벤야민의 독서 목록에서 확고한 자리를 차지한 철학자였다. 하지만 그는 또한 다른 사람의 이론적 아이디어를 거리낌 없이 표절하는 사람이기도 했다.[28] 그런데 이번에는 라시스와 벤야민의 글을 인상적으로 읽고 자신의 논문 「이탈리아와 다공성」에서 실명으로 인용했다. 그는 라시스와 벤야민의 중심 개념을 논문 제목으로 정확히 사용했으며, 두 사람이 다공성의 예로 든 사례—잠과 깨어 있음, 아이와 어른, 사적 영역과 공적 영역 사이의 흐릿한 대비, 내부 공간의 엄격성 부재, 공간의 연극성 등—를 정확히 인용했다.[29] 그가 제시한 유일하게 새로운 요소는 나폴리 말의 독특한 특성에 대한 언급뿐이었다.

그러나 주제가 일치함에도 불구하고 블로흐 글의 질감은 전혀 다르다. 으레 그러하듯이 블로흐는 다공성의 특징인 구멍을 바로 다시 메웠고, 그 과정에서 다공성은 "모든 것을 포괄하는 것",[30] 다시 말하자면 "균일한 전체"[31]가 되었다. 블로흐는 다공성을 "자본주의적 분업"의 증식이 아니라 그에 대조되는 것으로 사용한다.[32] 그는 다공성을 낭만화하고 개념적 전리품으로 만들었다. 그의 글은 개별적이고 이질적인 요소로 구성된 이미지가 아니라, 하나의 지점을 박아 넣은 이미지와 같았다.

벤야민과 라시스도 나폴리에 대한 독일인들의 기존 인상이 관광객과 방문자의 오해에서 비롯되었다는 사실을 놓치고 있었다. 그러나 이러한 측면은 이 도시에 대한 그들의 이미지를 만드는 데 들어간 수많은 이질성 가운데 하나였을 뿐이다. 블로흐는 그의 논문 첫 단락에서 이런 오해에 대해 언급하고("사람들은 대체로 잘못된 길을 택해 이 나라에 온다.") 이 문제를 별도로 다룬다.[33] 그의 언급이 시각적으로 얼마나 인상적인지와 관계없이, 나폴리의 일상생활에 대한 블로흐의 묘사는 다공성 개념으로 요약되는 사례들을 단순히 수집한 것에 지나지 않는다. 그는 서두에서 일단 이 개념을 올바르게 소개한 다음, 문화적 차원과 예술사에서 그것이 차지하는 위치를 해명하기 시작한다. 반면, 벤야민과 라시스의 글은 중간쯤에서 다공성 개념에 대한 간략한 논의가 있지만, 전체적으로 이 개념은 별개의 절들을 각각 관통하면서 자명하면서도 조용한 원리로 드러난다. 개별 절들은 하나의 통일된 수준을 유지한다. 각 절의 진술들은 서로 지지하거나 강조하거나 서로를 예증하지 않으며, 상위문화 영역에서 얻은 성찰로 일상생활의 모습을 재단하지 않는다.[34] 라시스와 벤야민의 나폴리 글의 타자본은 제목이 없는 빈 줄로 절을 구분하고 있다. 개별 절들 안의 작은 단락들은 나중에 『프랑크프루터 차이퉁』의 편집자들이 나눈 것이다.[35]

  벤야민과 라시스 글의 구조적 원리는 다공성이 발견된 물질에서 직접 도출된 것이었다.[36] 나폴리라는 성좌에서 자신의 몫이 '통째로' 잊히는 바람에 라시스보다 더 부당한 평가를 감내해야 했던 존-레텔도 그의 짧은 글 「키아이아 거리의 교통체증」에서 이런 낯선 구성을 이용한 문체 변화를 시도했다. 이 글은 연상의 연결이 완전한 원을 이루며 도는데, 이 원은 교통체증으로 인해 짧은 순간 이미지 형성이 멈췄다가 다시 활기를 얻는 거리로 되돌아가곤 한다. 나폴리의 복잡함과 분주함은 이렇듯 그의 글쓰기의 문체적 이상이 된다.[37] 연극과 시가 뒤섞인 이 작품은 형식과 내용의 완벽한 조화를 이루고 있다. 또한 메시아적 에너지와 초월로의 전환이 극도의 압축적인 묘사라는 기풍을 통해 표현되고 있다.

벤야민 글이 지닌 매력의 중요한 측면들, 즉 다양한 해석의 가능성을 열어주는 문체상의 개방성이나 글의 비체계적 성격은 나폴리 화산석의 다공성에서 비롯된 것이다. 벤야민이 철학적 전투에 끌어들인 것은 바로 나폴리에 대한 이러한 이해였고, 그에 수반되는 철학적 함의였다. 다윈은 진화론이 지나치게 질서정연하고 부자연스러운 계층 구조로 보이는 것을 피하기 위해 산호초를 구조적 모델로 삼은 바 있다.[38] 복잡하게 얽힌 뿌리줄기(rhizome)의 구조는 나중에* 기존의 분류체계를 거부하는 과학을 전투적으로 은유하는 표현으로 사용되었다.[39] 벤야민, 라시스, 존-레텔은 나폴리 응회석의 다공성에 주목했다. 그렇다면 아도르노는? 그는 이 다공성을 음악으로 변환했다.

---

* '나중'이란 들뢰즈와 가타리의 이론을 가리키는 것으로, 들뢰즈/가타리의 『천 개의 고원』, 들뢰즈의 『차이와 반복』 등에서 비위계적이고 수평적인 주체들의 관계 방식을 '리좀'으로 설명한 것을 말한다.

5
화산석의 음악

크라카우어와 아도르노는 나폴리 만에서 거의 3주를 보내고 출국 직전이 되어서야 벤야민과 존-레텔을 다시 만날 수 있었다. 벤야민과 라시스가 나폴리의 전형적인 장소로 묘사한 "정치적 대중들의 카페"에서 네 사람이 모였을 가능성은 낮다. 그런 곳들은 철학적 전투를 벌이기가 "거의 불가능할 만큼" 혼잡했기 때문이다. 아마도 그들은 아도르노와 크라카우어가 머물던 베수비오 그랜드호텔 로비처럼 "바깥과 차단되어 있고, 부르주아적이며, 문학적인 세계"[1]에 속하는 장소를 선호했을 것이다. 그들은 또한 많은 지식인들이 휴식을 위해 들락거리던 유명 카페 감브리누스에서 만나기도 했다. 이 카페는 존-레텔이 교통체증을 관찰한 키아이아 거리 오른편에 면해 있었다.

라시스와 벤야민의 「나폴리」 에세이는 다들 읽은 상태였다. 이 글은 그들이 도시를 처음 방문한 1924년에 작성되어 1925년 8월 크라카우어가 편집자로 있는 『프랑크푸르터 차이퉁』에 발표되었기 때문에 아주 적당한 시기에 이 사상적 전투의 토론자료 역할을 했다. 글이 발표되고 한참 뒤인 1953년에 아도르노는 "나폴리에 관한 글은 벤야민에게 결정적인 분기점이 되었으며, 그 뒤로 나를 비롯한 여러 사람들에게 형언할 수 없는 영향을 미쳤다"[2]고 회고했다. 그러나 1925년 당시 그는 이 글에 대해 상당히 유보적인 태도를 취했다. 우선 그는 이 에세이를 벤야민 혼자 썼을 거라고 주장했다. 일행과의 만남 전에 그는 크라카우어에게 편지를 썼다. "그런데 아샤 라시스는 누구죠? 테오도어 도이블러*의 여동생인가요? 아니면 발터의 분열증이 만들어낸 카발라의 이부르(a kabbalistic *ibbur*)**?"[3]

그는 또한 글의 전체적 접근법이 너무 비본질적이고, 물질 중심적이고, 유물론적이라고 생각했다. 개인의 개성이나 내면성의 범주는 대체 어디에 있는가? 설령 누군가가 이런 범주들을 너무 부르주아적이라며 거부할지라도, 그것들은 여전히 일정 측면에서 유용성을 가진 게 분명했다. 집단적 환경 내에 존재하는 모호한 "공동체적 맥박"을 추구한다는 이유로 개인의 미적 감각이 발견한 것들을 무가치한 것으로 폐기해서는 안 된다. 따라서 이 철학적 전선의 한쪽 진영은 아도르노가 몇 년 동안 키르케고르적 방식으로 추구해온 "'개인'의 개성과 내면성"의 범주를 고수하는 참가자들로 구성되

---

* Theodor Däubler. 20세기 초에 활동한 독일 아방가르드 시인으로, 아도르노에게도 일정 영향을 주었다.
** '카발라'는 유대 신비주의, '이부르'는 카발리즘에서 말하는 환생한 영혼으로, 아도르노의 말은 한때 유대교 신비주의에 몰두했던 벤야민에 대한 농담 섞인 표현이다.

었는데,[4] 세련된 오만함으로 무장한 과도한 말솜씨의 소유자(아도르노)와 그를 지지하는 말더듬이 교사(크라카우어)가 그들이었다. 다른 쪽 진영에는 나폴리를 훨씬 잘 알고 있고 "오래 전에 사멸한 내면성"의 다공적 소재들로 문체 형식을 실험하던 이들이 대결 상대로 나섰는데, 위협적일 만큼 예리한 표현의 대가(벤야민)와 편집광적인 마르크스 애독자(존-레텔)가 그들이었다. 벤야민의 태도는 평소보다 더 신경질적이었을 것이다. 몇 달 전 그는 독일 비애극에 대한 연구가 그토록 바라던 박사학위 논문으로 통과되지 못했음을 알게 되었다. 그러나 그 이론적 설계의 힘과 치밀한 전개는 그 어떤 학문적 제약도 뛰어넘었다. 결국은 그런 이유 때문에 논문이 거절되었지만, 이 거절은 벤야민에게 학문적 편협함을 넘어서서 진정으로 의미 있는 연구를 수행했다는 자부심을 안겨주었다. 그리고 로볼트 출판사가 이 연구를 출판하는 데 동의했기 때문에 그는 자신의 개념을 더 가다듬어야 했다. 이제 그들은 나중에 프랑크푸르트에서 종종 그랬던 것처럼 각자의 이론적 뼈대를 서로 섭취할 준비를 마쳤다.

전투가 끝난 후 아도르노는 즐거웠다. 그는 알반 베르크에게 보낸 편지에서, 자신이 보기에는 그가 가장 우위를 점한 것 같다고 썼다. 9월 30일, 그는 자신의 견해를 마지막까지 잘 방어했다는 느낌을 안고 나폴리를 떠났다. 그의 앞을 기다리고 있는 1925년의 가장 극적인 사건은 남부 이탈리아에서 받은 인상과는 뚜렷한 관련성이 없는 듯했다. 그해 12월, 알반 베르크의 오페라 〈보체크〉가 베를린에서 성황리에 초연될 예정이었다. 1924년 프랑크푸르트에서 넌

저 발표된 〈보체크의 세 단편〉에서 큰 감명을 받은 아도르노는 베르크의 작곡 제자로 들어가기 위해 온갖 노력을 기울인 바 있다. 나폴리 여행은 그가 편지에서 "주인이자 스승"이라고 부르던 베르크와의 긴밀한 관계를 단절시키지는 않았지만, 빈에서의 그의 시간이 일단락되고 있음을 의미했다. 나폴리 체류를 끝내고 36시간의 기차 여행 끝에 도착한 고향 아모르바흐에서 2주간의 휴식을 취하면서 그는 베르크에게 편지를 보내서 〈보체크〉에 대한 평론을 음악잡지 『안브루흐』에 게재하고 싶다는 의사를 밝혔다. 베르크는 전보를 보내서 환영의 표시를 했고, 리뷰 내용에 대한 몇 가지 바람과 함께 글을 이해하기 쉽게 써주기 바란다고 솔직하게 당부했다. 그동안 베르크는 아도르노 특유의 역설적인 철학 문장에 익숙해져 있었고, 한편으로는 어느 정도 만족하기도 했다. 그러나 "철학적으로 전혀 교육되지 않은"[5] 일반 음악애호가를 위해서는 "쉽게 이해가 가도록"[6] 평이하게 쓰기를 권고해야 했다.

아도르노는 최선의 노력을 다해서 베르크에 관한 모든 문헌 전거를 자신의 글에 솜씨 좋게 녹여냈다. 그러나 대중이 이해하기 쉽도록 써달라는 베르크의 부탁은 아도르노에게 우선적인 고려사항이 아니었다. 그는 〈보체크〉 평론을 작성하면서 특별한 무언가를 마음에 두고 있었다. 당시 그는 후설에 대한 박사학위 논문을 쓰고 있었는데, 이 논문은 학위를 받기 위한 절차에 불과한 것으로 여겼으며, 다른 음악 및 오페라 리뷰처럼 〈보체크〉 글을 작가로서 새롭게 인정받을 수 있는 혁신적인 산문의 원형으로 만들고자 했다.

나폴리에서 돌아온 지 두 달쯤 지난 1925년 11월 23일, 그는 글을 완성하고 베르크에게 다음과 같이 편지를 썼다. "이 에세이가 선생님께 약간의 기쁨을 줄 수 있기를. 제가 처음으로 만족한 글이며, 제가 추구한 문장 형식에 제법 순수하게 다가간 첫 작품입니다."[7] 그는 이 글을 베르크의 작곡 방식과 동일한 방식으로 서술했다고 설명했다. "이 글의 언어 사용과 관련된 저의 진정한 의도는, 선생님께서 사중주곡을 작곡한 방식처럼 언어를 사용함으로써 선생님의 작곡 방식과 저의 학문적 관점 간의 특별한 조우를 실현하는 것입니다."[8]

이것은 정말 특별한 조우였다. 그러나 유감스럽게도 아도르노는 〈보체크〉의 작곡 방식을 명시적으로 언급하지 않았다. 만약 그렇게 했더라면, 대상에 대한 완벽한 모방이 자아내는 현기증이 뚜렷하게 부각되었을 것이다. 오페라 〈보체크〉에 대한 에세이가 이 오페라 자체와 동일한 구조로 구성되었다면, 그것은 마치 오페라를 듣는 듯한 경험을 제공하지 않았을까?

그것은 풍경의 다공성을 묘사하기 위해 다공적 형식을 시도한 라시스와 벤야민의 나폴리 글에서 볼 수 있는 대상과 분석의 관계와 동일한 것이었다. 이도르노는 바로 이런 종류의 상관성—더 나아가서는 대상과의 구조적 일치—을 성취하기 위해 노력했다. 아도르노는 다공성이라는 용어를 구체적으로 사용하지는 않았으나, 사중주곡의 작곡 방식을 다공적인 것으로 설명했다. 벤야민과 라시스의 나폴리 글에서는 이런 형식에 대해, "결정의 도장은 찍히지 않는다. 상황은 늘 변화하며, 어떤 사람도 '저것이 아니고 이것'이라고 분명하게 주장하지 않는다"고 표현한다. 아도르노가 특징지은 바에 따르면, 베르크의 작곡 방식은 모든 동일성, 모든 존재 상태 그 자체를 해체한다. "이 사중주곡—최소한 2악장—은 더 이상 기존의 정태적 의미에서는 아무런 '주제'도 가지고 있지 않다. 끝없이 이어지는 조 바꿈은 모든 단단한 형태를 해체하고, 그것들을 선행 절과 후속 절에 열어놓고, 끊임없는 변주의 흐름 속에 묶어둔다."[9]

아도르노는 철학적 전투에서 자신이 승리했다고 느꼈음에도 불구하고, 여행 후 두 주가 지나자 일종의 "전략적 시작", "힘의 재편성"[10]이 나폴리에서 일어났음을 인정하지 않을 수 없었다. 이 과정에서 쏟은 이론적 고민의 첫 산물이 〈보체크〉 평론이었다. 이 글에서 음악적 다공성의 형성은 벤야민의 나폴리 글에서와 마찬가지로 순환적 구조의 형태를 띤다. 아도르노는 이런 구조적 이상을 우회적으로 표현했는데, 이 글이 "이전과는 달리 '표면적 일관성'에 따라 구성되지 않고, … 지적 동력의 연속성, 각 의도들의 (관념적 의미에서의) 동시성 및 실제적 등가성에 [균형점을] 맞추었다"[11]는 것이다.

의도들의 동시성과 등가성이라는 새로운 문체적 이상은 곧 아도르노 저작에서 중심적 위치를 차지하게 된다. 1960년대에 횔덜린에 대해 쓴 글 「파라탁시스」(Parataxis)*에서 아도르노는 벤야민이 지적한 횔덜린적인 아상블라주 개념을 직접 언급하면서, "종속절 구문의 논리적 … 위계"[12]를 피하기 위한 수단으로서 병렬식 문장 구조를 옹호했다. 이 에세이의 형식을 다룬 글에서 그는 이 구조를 자신의 문체로 거론한다. 그는 자기 에세이의 결정적 특징이 "어느 한도에서는 모든 대상이 중심에 똑같이 가깝다"는 데 있다고 설명한다.

---

* 복합문에서 위계적 관계를 만드는 접속사 없이 종속절을 병렬적으로 나열하는 서술 방식을 가리킨다.

"이러한 전개 방식은 종결적인 추론을 거부하고, 담론적 논리에서는 전혀 가능하지 않은 각 요소들 간의 교차 연결을 선호하는 데서 비롯된 것이다." 라시스와 벤야민의 다공성처럼, 이 에세이는 "구조적인 병치" 덕분에 "이미지와의 친화성"을 얻는다.[13] 아도르노가 그의 『미학 이론』에서 말한 것처럼, 이 병치는 그 자신의 글쓰기 지침으로 발전했다. "본질적으로 이 책은 동일한 무게의 병렬적 구성요소들이 그들의 성좌를 통해 드러나는 중심을 따라 배치되어 동심원적으로 서술된다."[14]

이러한 야망에 비추어 볼 때, 그의 〈보체크〉 평론은 실망스러운 작품이다. 언뜻 보기에 가장 색다른 특징은 그 복잡성이다. 아도르노가 글의 서두에서 알반 베르크를 쇤베르크와의 스승-제자 관계로만 소개한 것은, 이들의 접근법을 하나의 집단적 노력으로 묶으려는 그의 전략적 동기에서 나온 것이라고 할 수 있다. 두 번째 절에서 아도르노는 음악적 변주에 대한 논의로 전환하여, 쇤베르크와 베르크의 연관성은 오로지 이런 음악적 기법의 사용에서만 드러난다고 주장한다. 그리고 세 번째이자 마지막 절에서는 순수 기법적 영역에서부터 베르크가 기존의 음악적 전통에 대하여 취한 대립적 입장에까지 관점을 넓힌다.

전반적으로 아도르노의 이 에세이는 천재성이나 음악적 분위기에 대한 형이상학적 환기를 기술적 분석으로 대체하는 바람에, 같은 시기의 글들보다 기술적 측면은 더 상세하지만, 새로운 문체적 이상은 결여되어 있는 듯하다. 벤야민과 라시스의 글에서 볼 수 있는 묘사의 강렬함은 찾아볼 수 없다. 첫 번째 절은 전통적인 서론 역할을 하고, 그 다음은 관례적인 수사법을 사용하여 베르크의 "영적 풍경을 그 윤곽과 폭의 두 방향에서" 검토하고 그 규모를 측정하는 것으로 진행된다. 아도르노가 새롭게 발견한 문체적 이상은 열의가 가득했던 처음의 구상을 뛰어넘지 못한 것일까?

6
성좌(星座)

　벤야민과 존-레텔 그룹이 다공성의 개념을 흥분된 마음으로 처음 포착했음에도 이 용어 자체는 이탈리아에 관한 글 외에는 거의 등장하지 않는다. 벤야민은 이 용어가 조만간 자기 저작의 초점이 될 현상을 설명하는 데 안성맞춤인 개념임에도 불구하고 그것을 거의 사용하지 않았다.[1] 파리의 아케이드(파사주)는 19세기 대도시 쇼핑몰의 다공적 구조를 대표하는 사례였음에도 말이다.

　아도르노 역시 시간이 지나면서 이 용어를 별로 사용하지 않았다. 대신 그는 관련성은 있으나 지역적 특색은 덜한 개념인 '성좌'에 주목했다. 이 개념은 더 많은 철학적 뉘앙스를 함축하고 있었다. 오늘날 수많은 변형을 낳고 있는 용어인 '성좌'는 일반적으로 천체의 배치를 의미하지만, 이러한 원래 용례와는 다르게 넓은 범위의 상황 내지 관계를 가리키는 수사적 개념으로 발전했다. 아도르노는 이 용어를 매우 유용한 의미론적 개념으로 채택했다.

벤야민과 라시스의 나폴리 글에서 성좌는 건축학적 구성과 사회문화적 의미를 갖고 있었다. 별 이미지가 가진 함축적 의미는 또한 "이제까지 보지 못한 성좌"에 유토피아적 느낌을 부여한다. 이러한 별 은유는 특별히 독창적인 것이 아니다. 별 이미지는 1920년대의 여러 유명한 저작에서 자주 등장했다. 프란츠 로젠츠바이크(Franz Rosenzweig)는 유대교에 대한 기념비적 연구인 『속죄의 별』(*Der Stern der Erlösung*)에서 '다윗의 별'의 교차점과 방위를 사용하여 자신의 신학적 사고의 특징을 강조하기도 했다. 루카치의 『소설의 이론』은 별이 충만한 밤으로 시작한다. "별이 빛나는 창공이 모든 길의 지도였던 시대, 자신의 길을 별빛이 안내하던 시대는 얼마나 행복했던가?"[2] 벤야민 역시 별의 이미지를 의도적으로 차용했다. 괴테의 소설 『선택적 친화력』에 대한 그의 평론은 희망을 잃은 자들을 위한 유일한 희망을 그들 위에서 "내리비추는" 별로 상징하면서 끝낸다.[3]

그러나 벤야민에게 성좌는 단순한 별 이미지 이상의 의미를 갖는다. 그것은 별이 아닌 무언가가 별의 특성을 취하는 과정을 가리킨다. 존-레텔이 일상 문화에 대한 짧은 글에서 관찰했듯이, 파편화되고 다공적인 사물이 서로 모여서 "놀랍도록 새로운" 무언가를 형성하는 과정을 의미한다. 성좌의 개념을 만드는 데 있어 벤야민과 존-레텔은 '별자리'라는 서사에 배열(collocation)의 요소를 추가하면서, 흩어진 별들이 별자리로 전환되는 것은 개별적 수준에서가 아니라 다공적 사물들의 조합—즉 별들의 합일(*con*-stellation)—에서 일어나는 일이라고 주장했다. 그 결과로서 생성된 별의 구성은 모호한 초월적 존재를 가리키는 단순한 지표가 아니라 구체적인 '진리'를 재현하고 있으며, 이런 의미에서 훨씬 더 강력한 주장을 담고 있었다. 성좌 개념은 단순한 수사적 원리에 머물지 않고 다공적 구조의 의미를 확장하는 데 기여했다. 벤야민이 라시스를 만나던 시절에 씨름하고 있던 『독일 비애극의 원천』의 '인식비판적 서문'에서 그는 재현의 문제를 명료한 인식의 필수 요소이자 탐구중인 대상의 진리로 제시한다. "왜냐하면 이념들은 그 자체로 드러나는 것이 아니라, 오로지 개념 속에 있는 구체적 요소들의 배열로서만 배타적으로 재현되기 때문이다."[4]

이 서문의 초기 버전에서 벤야민은 철학적 해석이 가진 재현의 형식에 초점을 맞추면서 다양한 은유를 시도했다. 처음에는 모자이크, 다음에는 시나이 산의 돌들, 또 그 다음으로는 모성(母性), 소용돌이, 태양 등에 비유했다.[5] 그러다가 그는 나중 버전에 이르러서야 비로소 결정적인 이미지에 안착한다.[6] "이념들은 영원한 성좌를 이룬다. 이런 성좌들 안에서 각 요소들의 존재는 점으로만 존재하기 때문에 현상들은 다시 세분화되고 그와 동시에 그 원형을 회복한다."[7]

벤야민 선집을 편집한 아도르노가 지적했듯이, 내용의 수준에서 독일 비애극과 라시스의 공산주의 영향은 서로 충돌했을 수도 있다.[8] 비애극에 대한 학위논문에서 『일방통행로』로의 전환은 매우 인상적이다.[9] 탐구 대상의 수준에서도 바로크 연구와 일상생활의 물질적 속성 사이에는 큰 간격이 있음은 물론이다. 그러나 나폴리의 시끌벅적한 생활은 비애극에 대한 벤야민의 책에, 또한 그 책의 '인식비판적 서문'에도 영향을 끼쳤다. 그는 성좌 개념을 새로운 종류의 해석적 기법을 열어주는 열쇠로 여겼으며, 당시 진행하던 여러 연구에 즉시 적용했다. 바로크 비애극에 대한 논증은 특정 요소들에 대한 일련의 논증적 진술들을 통해서가 아니라, 이질적 요소들을 하나로 묶어주는 동시성을 통해 이루어진다. 벤야민에게 있어 비애극의 '이념'은 구체적인 결론을 지향하지 않는 성좌적 배열을 통해 드러난다.[10]

아도르노가 나중에 언급했듯이, 이런 식으로 설계된 이론적 연구의 구조는 "전체가 극도로 공들여 구축되어 있음에도 불구하고, 서로 촘촘하게 짜여 있고 내적으로 끊임없이 이어지는 각 부분들은 사고의 연속적 흐름이라는 틀에 따라 다음 부분으로 이어지는 것이 아니라, 일단 숨을 고르고 새롭게 시작하도록 구성되어 있다. 이러한 문학적 구성 원리는 진리 자체에 대한 벤야민의 인식을 표현하는 것에 다름 아니다."[11]

나폴리 글에서 강렬한 묘사를 가능하게 해준 다공성의 열린 구조는 이제 체계적이고 이론적인 저술에서는 하나의 성좌로서 훌륭한 용법을 얻게 된다. 아도르노 역시 이 개념을 확장해서 철학적 해석의 도구로 사용했다. 1931년에 열린 첫 학술 강연에서 아도르노는 '성좌' 용어를 실용적인 의미로 사용했는데, 그러면서도 여기에 주목할 만한 의미론적 여백을 두었다. 즉 그의 주장에 의하면, 진정한 철학적 해석은 "그 요소들을 변화하는 성좌로 전달해야 하며, (또는 점성학적 표현 대신 과학적으로 더 현대적인 표현을 사용한다면) 다양한 실험적 배열로 전달해야 한다. 그리하여 질문이 사라지더라도 그 답을 읽을 수 있는 형태가 될 때까지 이것을 계속 밀고 나가야 한다."[12]

성좌 개념은 아도르노의 또 다른 핵심 개념인 '변증법적 이미지'에 가려져 있었음에도 불구하고 오랫동안 그의 철학을 해석하는 중심 개념으로 여겨져 왔고, 일반적으로 변증법적 이미지보다는 표현적 힘이 덜한 동의어로 간주되곤 했다('변증법적 이미지'에 대해서는 이후 장에서 다룬다).[13] 성좌는 그 의미의 모호성으로 인해 나중의 비판이론에서 다양한 용법으로 사용되었지만, 개념 자체는 여전히 흐릿한 채로 남아있다. 그렇다면 성좌는 "다양한 실험적 배열"이라는 말에 걸맞게, 레비스트로스가 『야생의 사고』에서 묘사한 것처럼 일종의 백지 상태에 불과하며, 일상적인 합리성과의 대립을 넘어서는 실질적 규범을 구성할 수는 없는 것인가? 야만적 근대성의 압력에 대한 여러 이론적 대응들이 지닌 최소한의 공통분모에 불과한 것인가?

1925년의 나폴리 모임 참가자들이 근대성에 대한 철학적 대응의 필요성을 처음으로 떠올린 것은 아니다. 나중에 벤야민과 아도르노는 모더니티를 향한 19세기의 열망을 열성적으로 탐구했는데, 이 작업들은 주로 샤를 보들레르의 작품과 밀접하게 연관되어 있었다. 여기서 그들은 단선적으로 파악할 수 없는 근대화된 현실의 혼돈과 복잡성을 확인하는 은유들—만화경, 프리즘, 거미줄—을 다양하게 활용했다.

그럼에도 비판이론을 구성하려는 사상가들에게 이 복잡함에 대한 최적의 은유는 그 뒤로 수십 년 동안 생명력을 유지한 성좌 이미지였다.[14] 그러나 성좌의 아이디어는 유망한 이론적 도구로 보이기는 했어도, 일직선적 사고와는 달리 너무 포괄적으로 정의되어 있어서 명료하고 일관적 적용 규칙을 도출하기가 어렵다. 경우에 따라서는 감각과 실천을 통해서만 얻을 수 있는 미학적 사고의 원리인 것처럼 보이기도 한다. 아도르노의 〈보체크〉 평론에 담긴 진리가 우리에게 즉각적인 명료함으로 다가오지 못하는 것은 당시 그의 재현 능력이 아직 충분히 성숙되지 않았기 때문일까?

다음에 이어지는 장들은 반드시 그런 것이 아님을 보여준다. 아도르노가 변주하여 사용한 성좌 개념에는 일종의 규칙성이 자리 잡고 있다. 이것을 추적하기 위해서는 카프리에서 시작해서 좀 더 동쪽, 그러니까 나폴리에서 아말피 해안 쪽으로 시선을 돌려야 한다. 매우 특이한 그림엽서가 그 길을 알려준다.

7
그림엽서

여행은 흥분을 일으키는 만큼이나 피곤한 일이기도 하다. 카프리는 모든 종류의 비순응주의자들과 방랑자들의 집합소가 되었지만, 그들은 자기들의 거주지를 끝까지 지키지는 못했다. 부르주아 사회가 새로운 목적지에 대한 꿈을 창조하는 순간 그 꿈은 깨진다고 엔첸스베르거는 주장했다. 심지어 화가 코피쉬도 카프리를 관광명소로 개발하고 자신이 발견한 '푸른 동굴'이나 베수비오 산을 미니어처 모형으로 만들어서 "그의 발견을 홍보하는 다매체 수단"[1]으로 활용하고 싶어 했다. 1874년으로 거슬러 올라가면 테오도어 폰타네는 "이 축복받은 땅 위에 거주하는 독일 시인들의 소란스러움"[2]에서 벗어날 수 없다고 한탄했다.

그림엽서는 이러한 관광명소에 대한 관습적 이미지를 형성하는 데 주된 역할을 담당했다. 관광지의 그림엽서는 그 장소에 대한 대략적인 정보를 제공하는 일상 문화의 매력적 소재로 벤야민의 관심을 끌었다. 1926년, 벤야민은 우산이나 피아노 같은 "소부르주아들의 꿈과 욕망을 표현하는 도구들"을 언급하고 있는 크라카우어의 짧은 글을 인상 깊게 읽었다. 벤야민은 1926년에 크라카우어에게 편지를 보내어, 만약 크라카우어가 이러한 도구들을 계속 추적했더라면 "내가 1년 동안 열심히 찾았으나 그 핵심을 정확히 지적하지 못한 것, 즉 그림엽서에 이르렀을 것"[3]이라고 썼다.

그런데 아도르노는 실제로 이 아이디어를 실행에 옮겼다. 나폴리를 다시 방문하기 직전인 1928년에 슈베르트 서거 100주년을 기념하기 위해 『디 무지크』(*Die Musik*)에 발표한 「슈베르트」라는 제목의 평론에서 그렇게 했다. 이 글에 따르면 그림엽서는 19세기 이래 "모든 종류의 부르주아적 소비 대상을 축소해서 보여주려는"[4] 유행의 일부이다. 아도르노가 음악 에세이의 문맥 안에서 그림엽서를 언급한 것은 접속곡(potpourri)이라는 음악 관행과 비교되었기 때문이다. 접속곡은 음악적 모티프들을 원래의 맥락에서 떼어내어 새로운 음악 작품으로 이어붙인 것으로, 주로 특정 악장 중 '최고' 부분만을 선곡해서 만든다. 그것은 음악에 새로운 생명을 부여하기 위한 독특한 기법이지만, 그 결과로 얻는 것은 무차별성이다. "여기서 개별 주제들의 완벽한 교환가능성은 모든 사건들이 역사적 맥락 없이 동시에 발생한다는 점을 보여준다." 아도르노에 따르면 접속곡과 함께 등장한 그림엽서도 이런 정신의 산물이다. 그것 역시 현실의 '대용물'이며 근대성의 균열과 역사적 상처의 영향을 받지 않은 세계를 보여준다.

그의 관점은 충분히 동의할 만하다. 그림엽서는 의미로 가득 찬

세계를 보여주기 위한 것이다. 초기 그림엽서에서 사람들은 쇠락한 모습이나 근대성의 흔적이 엽서의 목가적 풍경을 훼손하지 않도록 많은 노력을 기울였다. 휴가지의 그림엽서는 여행객을 유혹하는 도피주의의 상징이었다. 비판이론가들이 나폴리 만에서 그림엽서를 쓰던 시절에는 엽서 선택이 제한적이었다. 아도르노가 "우리들의 비극적 장소"에서 크라카우어에게 보낸 안부인사 엽서는 에른스트 윙거가 1925년 4월에 그의 어머니에게 "날씨는 이제 많이 좋아졌는데, 찬바람은 여전합니다"[5]라고 써 보낸 것과 같은 종류의 엽서였다. 벤야민은 관광객 대상으로 파는 고전적인 그림엽서(예를 들면 카프리 섬의 바위 풍경)를 여러 장 구입했다. 이것들은 그가 나중에 나폴리 여행의 경험에서 찾고자 했던 기이한 풍경과는 동떨어진 것이었다.

엽서의 선택 폭이 협소했던 까닭에, 아도르노가 정말로 선택했을 법한 그림엽서를 보려면 우리는 그가 상상한 엽서를 직접 그려보는 수밖에 없다. 그의 슈베르트 평론은 정확하게 그 엽서를 글로 표현하고 있다. 1928년 여행 직전, 아도르노는 분화구 깊은 곳에서 신비한 형상이 올라와서 햇빛을 가리는 화산 풍경에 대한 환상으로 글을 시작한다.

> 베토벤이 죽은 해와 슈베르트가 죽은 해 사이의 문턱을 넘다 보면, 우르릉대며 불쑥 솟아오른 차가운 분화구에서 벗어나 고통스러울 정도로 섬세하고 하얀 빛 속으로 들어간 사람이 느끼는 것과 비슷한 전율에 사로잡힌다. 그것은 벌거벗은 고시내

의 용암 형상들 앞에 거미줄을 칭칭 감은 듯 서있는 어두운 식물을 보고서는, 산 가까이에 있지만 아직은 봉우리에서 멀리 떨어진 채 그들의 길을 가리는 것이 저 끊임없이 분출하는 구름임을 알아차린 사람이 느끼는 전율이기도 하다. 그는 심연에서 벗어나 그것을 둘러싼 풍경으로 들어서서는, 광활한 정적으로 심연의 윤곽을 확인한 연후에야, 그리고 빛나는 덩어리가 맹렬히 소용돌이치며 뿜어내는 빛을 기꺼이 받아들임으로써만 바닥없는 심연의 깊이를 알게 된다.[6]

이 묘사는 원시적 풍경과 아름다운 명소로 장식된 통상의 그림엽서가 전달하는 메시지와는 전혀 다른 것이다. 아도르노가 상상한 그림엽서는 풍경 속에 담긴 역사의 흔적을 좇고 있다. 화산은 이런 목적에 이상적으로 부합한다. 화산이 폭발하는 즉시 중대하고 파국적인 사건이 일어나리라는 것은 의심할 나위가 없다. 화산 폭발은 풍경의 파괴를 증언하며, 따라서 부르주아적 그림엽서에 대한 궁극적인 대항 이미지를 제시한다. 그렇다면 분화구가 성좌의 이상적인 형태를 취하고 있는 것은 우연일까? 아도르노는 슈베르트의 "방랑자적 배회"를 이 풍경에 맞춰 설명하는 과정에서 성좌의 본질적 특성을 호출한다.[7] "모든 점이 중심에 똑같이 가까운 이 풍경의 기이한 구조는 전진하지 않고 중심을 빙빙 도는 방랑자에게만 전모를 드러낸다. 선형적 발전은 이것과는 완전한 대척점에 있다. … 그리고 풍경 안의 분산된 지점들은 늘 떠나지 못하고 둘레를 빙빙 도는 이런 행위를 통해서 하나하나 파악된다."[8]

만일 이 평론이 「슈베르트」라는 제목에서 볼 수 있듯이 슈베르트에 대한 진리를 드러낼 목적이라면, 그리고 아도르노와 벤야민이 생각했던 성좌가 주어진 주제(이 경우는 슈베르트)의 진리를 탐색할 수 있는 형식이라면, 그것은 이미 시작부터 목표를 달성한 셈이다. 그러나 이러한 성좌의 풍경은 그리 쉽게 완성되지 않는다. 진부한 그림엽서 이미지가 계속 끼어들고, 이러한 엽서에서 다공적인 풍경으로 가는 길 역시 상당히 험난해 보인다. 슈베르트 평론에서 아도르노는, 그림엽서의 풍경을 파괴하려면 접속곡의 형식으로 그것을 "지긋지긋하게 재현"하는 수밖에 없다고 주장한다. 이 주장은 처음에는 전혀 이해할 수 없는 말로 들리지만, 어디를 향하고 있는지는 분명하다. 부르주아 그림엽서가 주는 뉘앙스를 회피할 방법은 없다. 이 문제는 정면으로 맞서야만 풀 수 있는 것이다. 아도르노에 따르면, 그림엽서와 같은 완벽한 풍경을 파괴하는 것만이 진정한 풍경에 도달할 수 있는 길이다. 파괴된 잔해는 또 파괴될 무엇인가를 전제하고 있기 때문에 우리는 그림엽서의 구성을 철저하게 살펴봐야 한다. 아도르노의 슈베르트 평론이 이런 작업을 위한 강력한 개념적 무기를 제공하기 때문에 더욱 그렇다. "시간을 초월한 허구적 실재의 관념은 이 개념에서는 악마적으로 타락한 형태로 등장한다."[9] 우리는 여기서 그림엽서에 대해 이야기하고 있다. 그렇다면 이런 말은 너무 과장된 것 아닐까? 신화와 악마적 요소가 어떻게 이런 종류의 그림엽서에 들어오게 된 것일까?

　이것이 어떻게 구현되는지를 보기 위해서는 나폴리에서 벗어나 베수비오 산 남쪽에 있는 포시타노 마을로 잠시 여행을 떠나야 한다.

8
해골과 유령

여행자들은 자신만의 은둔처를 찾지만, 다른 여행자들이 자꾸만 그 뒤를 따라 나타나기 때문에 끊임없이 새로운 곳을 찾아야만 한다. 사비니오는 카프리에 머물며 몬테 솔라로(Monte Solaro)를 발견하고는 너무 기뻐서 다음과 같이 썼다. "뾰족한 침향나무와 꺼끌꺼끌한 배나무가 길을 가로막는다. 그러나 이곳 나무들의 크고 두툼한 잎들은 술 취한 관광객들의 소란으로부터 거의 피해를 입지 않았다. 관광객의 물결이 아직은 여기까지 밀려오지 않았다."[1] 벤야민과 존-레텔도 사비니오와 비슷하게 나폴리에서 찾고자 했던 관광객 기피 여행지를 발견했다. 그리고 1920년대까지만 해도 관광객의 물결로부터 해방되기를 원하는 사람들이 찾던 색다른 장소가 존재했다. 아말피 해안의 포시타노가 그곳이다.

카프리는 나폴리 만과 아말피 해안을 포함하는 모든 유형의 모험을 시작할 수 있는 이상적인 출발점이다. 소렌토 반도의 양쪽에 자

아말피 해안의 포시타노 마을. 아돌프 폰 하츠펠트의 책 『포시타노』(1925)에서

리 잡고 있는 이 두 해안은 서로 접근하기 쉬운 위치에 있다. 나폴리의 도시적 복잡함과 아말피의 원시적 자연 중 어디를 택할 것인가는 여행자들이 무엇을 추구하는가에 따라 결정된다. 나폴리의 모든 곳을 둘러보던 라 카프리아는 가벼운 응회암으로 이루어진 베르길리우스적 경관을 발견한 후, 소렌토 동쪽에 위치한 아말피 해안을 따라 가다가 "갑자기 나타난 지질학적이고 형태학적인 낯섦"[2]으로 요약되는 호메로스적 경관을 다시 발견했다.* 여기서 응회암은 석회암에 길을 내준다. 라 카프리아는 다음과 같이 썼다. "암석은 단단한 쇠와 같은 무엇으로 변하고, 백운석 절벽은 바다로 바로 떨어져서 석굴로 이어진다. 이 풍경에서 사람들은 지구의 기운이 방출되고 있음을 알게 된다."[3]

카프리보다 덜 세련된 분위기를 찾는 사람들—즉 돈에 점령된 심미감이 아직 덜 스며든 사람들—은 대지의 육질이 그대로 드러나는 풍광을 선호했다. 산비탈에 자리한 포시타노는 1920년대에 아말피 해안지대의 지적 수도로 변해갔다. 포시타노가 카프리에서는 느낄 수 없는 거친 매력이 있는 곳이라는 소문이 퍼지기 이전에 작가 알프레트 칸토로비츠(Alfred Kantorowicz)는 이곳을 "완전하게 외딴 미지의 장소"[4]라고 묘사했다. 브레히트의 무대 디자인을 담당했던 카스퍼 네어(Casper Neher)는 포시타노를 발견한 것을 자랑하면서 다음과 같이 썼다. "살기에는 불편한 작은 마을이지만, 예술로 승

---

* 1장 19쪽과 9장 93쪽 참조. 저자는 베르길리우스 작품 『아이네이스』의 무대인 나폴리 남서쪽의 응회암 지대를 '베르길리우스적 경관'으로, 동쪽 아말피 해변의 거칠고 야생적인 초기 그리스적 경관을 '호메로스적 경관'으로 표현하고 있다.

화시킬 수 있는 풍경으로 가득 차 있다. 여기에는 카프리나 소렌토의 눈부신 아름다움은 없으며 남부 이탈리아의 전형적인 모습과도 사뭇 다르다. 자연은 거칠고 다루기 힘들고 음산하다. 이곳에는 고통 위에 건설된 황량한 풍광의 매력이 있다."[5]

포시타노의 칙칙하고 음산한 분위기는 많은 여행작가들의 관심을 끌었다. 벤야민은 약간의 아이러니를 섞어서 "망명한 지식인 프롤레타리아가 원시 토착 공동체를 만났을 때 느끼는 것"[6]과 같은 분위기라고 썼다. 1925년에 아도르노와 함께 이곳에 잠깐 들른 크라카우어는 "유령, 보헤미안, 그리고 상상할 수 있는 모든 종류의 수상한 인물들이"[7] 떠돌아다니고 있었다고 기억했다.

벤야민은 포시타노에서 블로흐, 존-레텔 등과 함께 밤 산책을 하는 도중에 혼자서 "마을의 황량한 곳 중의 하나"로 잠깐 올라갔다가 받은 느낌을 다음과 같이 회상했다. "나는 촉각을 곤두세우며 떨어지지 않으려고 했지만, 저 아래 있는 동료들과 점점 멀어지고 있음을 느꼈다. 나는 엄청난 황량함과 침묵에 둘러싸여 있었다. 걸음을 내디딜 때마다 이미지도 개념도 없는, 나를 용납하지 않는 사건 속으로 끌려들어가고 있었다. 갑자기 나는 날카로운 달빛 그림자가 드리워진 잡목 숲에서 어떤 벽들과 깨진 창문 사이에 멈춰 섰다. 나는 더 나아갈 수 없었다. 그리고 여기서 실체가 없는 것에 완전히 매료된 동료들의 눈앞에서 마법에 걸린다는 것이 무엇인지를 경험했다. 나는 돌아섰다."[8]

"포시타노는 반드시 들러봐야 할 곳인데, 거기 가면 나를 생각하시게."[9] 아도르노가 1928년에 두 번째로 나폴리 여행을 왔을 때, 크라카우어는 아도르노에게 이렇게 편지를 썼다. 아도르노는 포시타노를 "의도적으로 들르지 않았다"[10]고 답장을 보냈다. 아도르노와 크라카우어 사이의 비밀스러운 개인사는 그와 이 마을과의 관계로 인해 또 다른 어두운 요소를 더했다.

포시타노에 대한 크라카우어의 글 「포시타노의 바위투성이 환상」은 벤야민과 라시스의 건축적 다공성의 아이디어를 차용해서 이 마을을 방문자들을 현혹시키는 무서운 원시적 풍경으로 묘사한다. 포시타노는 몬테 산탄젤로(Monte Sant'Angelo)*의 경사면에 원뿔 모양으로 자리 잡고 있으며, 마을 중앙 근처에는 "마치 도시 안으로 추락할 것 같은 묘지가 위태롭게 자리하고 있다. 이곳은 관을 던져 넣는 구멍으로 이루어져 있는데, 그 안에는 뚜껑이 덜컹거리는 조잡한 형태의 관이 있었다."[11] 폭우라도 쏟아지면 유골이 납골당에서 정원이나 주택으로 떠내려갈 수도 있었다. 크라카우어는 포시타노를 "해골의 방", "정적 속에서 해골이 서서히 무너지는 죽은 자들의 도시"[12]로 묘사했다.

그러나 이러한 음산한 분위기에서 더 중요한 역할을 하는 것은 유령과 환영이다. 크라카우어에게 포시타노는 죽은 자들의 도시일 뿐만 아니라 '죽지 못한' 자들의 거처였다. 그는 "신들이 떠난 곳을 늙은 악마들이 점령하고 있다", "죽음에서 돌아온 자들"이 주변을 배회하며 "시간이 갈수록 그 수가 더 늘어난다"[13]고 썼다. 크라카우어가 폼페이 같은 곳보다 포시타노를 여행 에세이의 소재로 삼은

---

* 이탈리아 남동부 해안의 몬테 산탄젤로와는 다른 곳으로, 몬테 몰라레(Monte Molare)라고도 한다.

이유는 이런 부조리한 환경이 박물관 같은 무덤의 침묵보다 더 매혹적이었기 때문이다.

존-레텔은 이 마을의 유령과 이미 친숙해진 상태였다. 그는 카프리 섬에 있는 별장 이외에도 포시타노의 삼촌 집에 머무르곤 했다. 그리고 그는 거기서 『자본』의 첫 장 마지막에서 언급된 유령과 계속 조우했다. 상품의 물신성에 대한 이 절은 자본주의적 경제 체제의 가장 작은 단위에까지 이데올로기적 비판을 가하고 있다는 점에서 눈길을 끌었다. 마르크스에 따르면, 모든 생산품의 교환가능성이라는 원리는 "마술과 강령술"[14]이라는 "환영의 형태"로 귀결되며, 상품에 투입된 인간의 노동은 자연적 속성으로서 이 형태 속에 다시 반영된다.[15] 이렇게 하여 인간이 생산한 사물이 마치 자연으로부터 나온 것처럼 보이게 된다는 것이다. "인간 두뇌의 생산물들은 자기 고유의 생을 부여받은 자율적인 실체인 것처럼 출현하며, 그럼으로써 서로 관계를 맺거나 인간과 관계를 맺는다."[16] 즉 그것들은 "자기들의 실상과는 다른 환영의 형태"[17]로 존재한다. 따라서 존-레텔의 포시타노 체류는 극도로 과잉된 마르크스적 이미지 가운데 하나와 씨름하는 시간이기도 했다. 그는 학문적 정밀성을 위해 이 문제를 치열하게 탐구했다. "나는 당시 1년 반 동안 마르크스의 첫 두 장의 모든 문장을 자세히 분석하고 모든 용어를 추출해서 그 특성을 세분화하고 그 의미를 문자 그대로 받아들여야 하는지 아니면 은유적 의미를 갖는지를 결정하는 데 열중했다. … 이 경우 은유를 사용한 의미는 무엇인가? 그것은 정당화될 수 있는가?"[18]

세르게이 예이젠시테인이 마르크스의 『자본』을 영화로 만들기

어부 아 이엘로 폰타나로사 등에 업힌 안톤 도른(1890년).
ⓒ Stanzione Zoologica Anton Dohrn.

수년 전에, 그리고 마르크스의 유령을 중심 무대에 올린 자크 데리다의 마르크스 독해* 한참 이전에 비판이론가들은 포시타노에서 상품으로서의 유령이 배회하는 장면을 목격했다. 그러나 포시타노가 유령의 공간을 상징하는 동안, 망령과 악마는 해양생물학자 안톤 도른이 건립하여 국제적으로 유명해진 나폴리의 수족관에서도 발견되었다.

1860년대와 70년대에 도른은 자신의 계획을 실행하기 위해 많은 후원자들을 모았으며, 나폴리 시는 바다 바로 옆 공원부지 일부를 그에게 불하해 주었다. 해양생물연구소 운영에 들어가는 비용이 수족관에서 벌어들이는 수입을 초과하자 그는 정부가 연구소 공간을 임대해주고 연구원을 파견하는 민관협력 시스템을 고안했다. 강의와 여타 잡무에서 벗어난 과학자들은 국제 교류와 연구 협력을 추구하는 고무적인 분위기를 조성할 수 있었으며, 젊은 과학자들은 기존 연구자들의 업적을 이어받아 성장할 수 있었다. 이런 분위기는 제1차 세계대전 이후에도 계속되었다.

'스타치오네 쫄로지카'(Stazione Zoologica)라고 부르는 해양생물연구소의 성공에 결정적으로 기여한 또 다른 요소는 도른이 과학자이면서 예술애호가였다는 점이다. 그는 그의 아버지와 마찬가지로 과학과 예술 영역의 구분을 무시했으며, 펠릭스 멘델스존은 그의 대부이기도 했다. 연구소의 강당 하나는 늘 예술을 위한 공간으로 사용되었는데, 그의 배려로 한스 폰 마레스(Hans von Marées)는 강당

---

* 데리다의 저서 『마르크스의 유령들』을 말함.

벽에 프레스코화를 남기기도 했다. 이런 이유로 최소한 독일인 방문자들에게 이 수족관은 반드시 둘러봐야 할 장소로 알려지게 되었다. 프레스코 홀 방문자들은 자신의 직함이 적힌 명함을 제출했으며 연구소는 그 명함을 보관했다.[19] 1925년 9월의 기록에는 아도르노의 명함도 있는데,[20] '철학박사'(Dr. philos.)라는 정보만 적혀 있는 평범한 명함이었다. 그러나 그의 명함은 현대적이면서 간명한 서체로 인쇄되었다. 반대로 크라카우어는 『프랑크푸르터 차이퉁』의 편집자로서 자신의 지위에 걸맞게 부르주아 스타일의 화려한 서체로 작성된 인상적인 명함을 남겼다. 명함이 없었던 존-레텔은 크라카우어의 명함 하단에 자신과 아내의 이름을 함께 적어서 제출했다.

네 사람은 프레스코 홀을 둘러보다가 수족관을 관람했고, 크라카우어의 표현에 의하면 "털을 곤두세우고 물결치는 양치식물, 숨 막히는 산호류와 그 기하학적 패턴, 도저히 생명체라고 볼 수 없는 기이한 물체들이 헤엄치는 관 모양의 시스템에 감탄했다. 우리는 그것들에 의해 또 한 번 바뀌었다. 지옥에서 온 것들이 순수한 생명체들을 잡아채고 있었다."[21] 이 생명체들은 그 흐늘거리는 무형성 때문에 더럽게 여겨졌고 종종 알아보기 힘든 덩어리 형태로 보이곤 했다. 1905년 나폴리 수족관의 독일어 안내서는 이것들을 "담록색의 단단한 덩어리"[22]로 소개했다. 1902년으로 돌아가면, 이 수족관에서 감동받은 화가 파울 클레는 "사랑스러운 작은 꼬리를 앞뒤로 돌리며 등을 대고 헤엄을 치고 있는 작고 섬세한 생명체"[23]를 자세히 관찰했다.

이 수족관의 낯선 서식자들은 마르크스가 이해한 추상적 인간 노

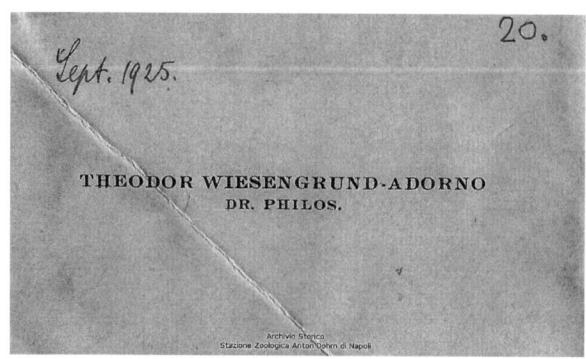

아도르노와 크라카우어의 명함(1925)
크라카우어의 명함에는 존-레텔 부부의 서명이 적혀 있다.

동을 예시한다.『자본』의 첫 쪽에서 마르크스는 모든 사용가치가 추상화된 상품에 대해 논의한다. "이제 노동이 남긴 생산물을 살펴보자. 거기에는 무차별적인 인간 노동의 응고물에 불과한 유령 같은 객체성 외에는 아무것도 남아있지 않다."[24]

1925년, 존-레텔은 포시타노에서 글을 쓰다가 추상적 노동이라는 개념이야말로 마르크스의 독창적 이론을 불완전한 이론적 구성으로 끝나게 한 주요 장애물임을 발견했다. 그의 견해에 따르면 이것은 관념론의 마지막 유물이었다. 이런 "추상적인 인간 노동이라는 영적 문제"는 마르크스가 헤겔을 넘어서지 못했기 때문이다.[25] 헤겔의 절대정신의 잔여물이 제거되지 않고 "마르크스 이론에서 형이상학적 지위"[26]를 차지하고 있다는 것이다. 나아가 존-레텔은 그의 특유의 열정으로, 그렇다면 그 자리를 대신하여 채워야 할 것은 무엇인가라는 질문에 골몰하게 되었다. 훗날 그의 동료는 "존-레텔은 『자본』에 나타난 은유의 사용을 알려준 첫 번째 사람"이라고 썼으며, 그가 예시한 첫 번째 용어는 "인간 노동의 응고물"이었다.[27]

포시타노의 많은 놀라운 점 중 하나는 해골과 유령―즉 죽은 자와 죽지 않은 자―을 나란히 볼 수 있다는 점이었다. 이러한 배치는 나폴리 수족관의 미니어처에서도 발견되었다. 연구소에는 지옥에서 온 생물체뿐만 아니라 죽은 바다생물 표본도 전시되어 있었다. 크라카우어가 가지고 다니던 여행안내서에 따르면 요금을 추가로 지불하면 '해양동물표본 상설전시관'에 입장할 수 있었다.[28] 신기한 것으로 가득 찬 나폴리의 표본 전시관은 "해골의 방" 포시타노에 필적하는 맞상대였다.

작업실의 살바토레 로 비앙코(1889년).
ⓒ Stanzione Zoologica Anton Dohrn.

그곳은 통상적인 전시관이 아니었다. 해양생물연구소의 업적을 국제적으로 알리기 위한 일종의 특별 전시관이었다. 1874년, 도른은 자신이 머물던 빌라 토를로니아의 관리인 아들인 나폴리 청년을 데려와서 연구소에서 일하도록 했다. 그 관리인은 '토릴로'라고 부르던 아들의 장래가 걱정되었다. 그의 아들은 "늘 책 앞에 몸을 구부리고 앉아있거나 … 아니면 산호나 다른 물체들을 주물럭거리거나 스케치하는 일에 열중하곤 했다."[29] 도른이 토릴로에게 일감을 주자 그의 아버지는 아들이 이제는 괴팍한 일에서 손을 뗄 수 있기를 원했다. 그러나 살바토레 로 비앙코(Salvatore Lo Bianco, 토릴로의 본명)는 동물을 죽여서 영구 보존 형태로 만드는 데 뜻밖의 재능이 있음을 알게 되었다. 이 작업은 말처럼 쉬운 일이 아니었다. 낯선 형태의 광택이 나는 생물체는 전문적인 방식으로 죽이지 않으면[30] 그 형태와 광택이 사라져 버리기 때문에, 표본의 살과 신경조직을 정확히 찾아내는 작업은 매우 어려운 일일 수밖에 없었다.[31] 로 비앙코는 형태와 색깔을 그대로 유지하면서 동물을 죽일 수 있는 능력을 가지고 있었다. 그는 20세에 연구소의 수석 표본 제작자가 되었다.

로 비앙코의 뛰어난 표본 제작 기술은 나폴리의 연구소를 넘어서 해양동물에 대한 연구 확장에 크게 기여했다. 그가 제작한 표본은 모두가 탐내는 수집품이 되었다. 도른의 전기 작가는 "로 비앙코의 기술은 이 연구소가 최고 수준의 표본을 보유함으로써 세계적인 명성을 떨치는 데 크게 기여했다"[32]고 썼다. 1920년대에 이 표본 전시실은 이 연구소에서 반드시 둘러봐야 할 가장 인기 있는 장소가 되었고, 나아가 아도르노의 초기 철학 연구에도 결정적인 영향을 주었다.

9
죽은 것들에 주입된 의미

 아도르노는 나폴리에 머무는 동안 여러 명소를 둘러보았다. 그러나 그의 유람은 관광객의 경탄 이상의 의미를 가진 것이었다. 우리가 이미 살펴본 것처럼, 그는 나폴리를 떠나기 얼마 전 훗날의 동료들을 만나서 논쟁을 벌이고 헤어진 바 있다. 나폴리 이후, 아도르노는 다공성의 구조와 성좌에 매료되어 죽음의 문제에 생각을 집중했다. 우리는 아도르노가 귀국 직후 이 문제를 어떻게 자신이 구상한 첫 번째 평론의 구조적 원리로 삼으려 했는지 살펴보았다.

 그러나 그는 유령의 경험을 떨쳐버릴 수 없었다. 잠시 멀리할 수는 있었지만 곧 다시 돌아와 그를 괴롭혔다. 유령의 경험은 결국 그의 마음에서 중요한 전략적 성찰의 일부분을 차지하게 되었다. 나폴리에서 경험한 다공성은 유토피아적 개념으로서는 대단히 매력적이었지만 그것에 대립되는 개념은 무엇인지가 빠져 있었다. 라시스, 벤야민, 존-레텔, 그리고 블로흐의 나폴리 이미지는 부르주아적 삶에 대해 하나의 대안을 제시하는 것이었다. "다공성에 정확히 대립하는 것은 과연 무엇인가?"라는 다소 수사적인 질문에 대해 블로흐는 "부르주아 계급과 그 문화"[1]라는 간명한 대답을 내놓았다.

아도르노의 상상 속에서 하나의 아이디어가 천천히 자라고 있었다. 유령의 이미지가 부르주아에 대한 정교한 모델이 될 수는 없을까? 오래 전에 그는 해골과 유령의 차이에 주목했다. 해골은 다공적이지만 이미 죽은 대상인 데 반해, 유령은 여전히 살아있는 것으로서 해골에 반대되는 것이다. 이제 자기 시대에 대한 그의 진단은 미묘하지만 분명한 전환점을 맞게 되었다. 이 시대는 더 이상 단순한 납골당이 아니라, 자신을 죽지 않은 실체인 양 위장하는 시대이다. 아도르노는 이런 생각을 발전시켜 '외양뿐인 삶'이라는 개념을 구축했다. 「자연사의 이념」이라는 강연문에서 그는 의미를 상실한 죽은 사물에 새로운 의미와 이질적인 의도가 부여되는 과정을 정의하면서 '주입'(Einlegen, 英 insertion)이라는 용어를 사용한다. "이 이차적 본성은 스스로를 마치 의미 있는 어떤 것처럼 보여주기 때문에 외양뿐인 본성이라 할 수 있다. … 따라서 이차적 본성은 환영에 불과하다. 왜냐하면 우리가 이미 현실을 상실했음에도, 이처럼 텅 비어버린 현실을 의미 있게 이해할 수 있다고 믿게 하기 때문이다. 또는 알레고리에서처럼 주관적 의도를 이 낯선 실재에 마치 본래부터 있는 의미인 양 주입하기 때문이다."[2]

성좌의 앞길을 가로막는 장애물이 무엇인지는 이론적으로 정확히 지목 가능하다. 즉 이미 죽은 것들을 죽은 채로 두지 않고, 새로운 것 같지만 환영에 불과한 삶을 납골당에서 불러내는 부르주아적

인간이야말로 그 장애물이다. 그들은 다공적 구멍을 다시 막아버리고 죽은 것들과 부서진 것들의 성좌가 형성되는 것을 방해한다. 아도르노가 베수비오 산을 보며 상상했던 그림엽서처럼, 주입이라는 이 과정은 나폴리 만에서, 그리고 이번에는 소렌토의 기념품에서 발견된다.

소렌토는 나폴리 만에서 베르길리우스의 영역과 호메로스의 영역이 나뉘는 경계에 위치하고 있다. 이 경계는 구멍이 많은 응회암과 단단한 석회암이 나뉘는 곳이기도 하다. 나폴리에서 포시타노로 가는 여행자는 소렌토를 통과해야 하며, 카프리 섬에서 출발한 사람들은 소렌토 반도를 통하면 육지로 가장 빨리 갈 수 있다. 소렌토는 지독한 편두통으로 고생하던 24세의 니체가 교수직을 맡으면서 겪어야 했던 철학적 압력에서 벗어나서[3] "온화한 하늘과 유쾌한 사람들 사이에서 자유롭게 생각하고, 말하고, 창작하면서"[4] 활기를 되찾은 곳이다. 이곳은 그가 아포리즘 스타일로 처음 쓴 『인간적인 너무나 인간적인』의 집필을 시작하고, "자기 본능의 완전한 일탈"[5]을 교정한 곳이기도 하다. 그는 명료하게 이해되는 세계란 없다고 주장하면서 모든 "형이상학적 … 욕구"의 근원을 찾는 데 몰두했다.[6]

그러나 소렌토는 아도르노가 다공성의 대립물을 확인하기 위해 참조한 수공예 기술로도 유명한 곳이다. 벤야민의 비애극 책에 대한 아도르노의 1930년대 세미나 기록에는 이런 코멘트가 나온다. "여기서 '주입'이라는 단어는 단순한 은유가 아니다. 의도의 주입은 바로크 장식 예술의 상감세공(intarsia) 기법과 같은 것이다."[7] 그리벤이 쓴 소렌토 여행안내서는 "예술적 목각과 상감세공 기술이 이

소렌토에서 만들어진 상감기법의 목공예품

곳에서 나왔다"[8]고 소개하고 있고, 베데커의 책자는 "수많은 기념품 가게에서 질 좋은 상감세공 목공예품을 값싸게 살 수 있다"[9]고 안내하고 있다. 아도르노에게 상감세공은 다공성과 반대되는 개념이었다. 상감세공은 서로 다른 목재 조각을 목재 표면에 끼워 넣어 하나의 모티프를 만드는 기법이다. 이 모티프(즉 주입된 의미)는 원래부터 내재되어 있는 가치처럼 보이지만, 사실은 외부에서 삽입된 재료의 가치가 반영된 것이다. 이런 방식으로 생성된 이미지는 유령과 같은 것이며, 따라서 그것이 실재한다는 주장은 환상에 불과하다. 모티프가 아무리 두드러지고 때로는 입체적으로 보이더라도, 그것은 주입의 틀 안에 갇혀 있다.

이런 발견에도 불구하고 아도르노는 수공예 기법을 이론으로 전환하는 데 필요한 중요 요소들을 여전히 놓치고 있었다. 결국 아도르노의 모델에 필수적인 '삶과 죽음의 상호작용'의 의미를 보충해 주는 또 다른 공예 기법이 필요했는데, 해양생명체 표본을 만드는

로 비앙코의 기술이 그것이었다.

　아도르노는 주입 기법을 묘사하면서 "알레고리에서처럼"이라고 썼는데, 이것 역시 비애극에 대한 벤야민의 책을 읽고 영감을 받았음을 시사한다. 이 책은 오랜 지연 끝에 1928년에 발간되었는데, 그해 아도르노는 슈베르트에 대한 글을 썼고, 다시 나폴리로 여행을 떠났다. 이번에는 여자친구 그레텔 카르플루스가 함께했다.

　수족관 전시에 대해 잘 아는 사람이 벤야민의 비애극 책에서 멜랑콜리에 대한 구절을 읽는다면 죽은 생명체의 박제화 과정을 바로 떠올릴지도 모르겠다. 벤야민에 의하면 멜랑콜리의 시선으로 본 박제된 대상은 "생명이 빠져나와 죽은 것처럼 보이지만 영원히 남아 있기 때문에"[10] 일종의 알레고리를 형성한다.

　안톤 도른은 로 비앙코의 기술이 너무 널리 퍼지는 것을 원치 않았기 때문에 소수만 엄선해서 기술을 전수받을 수 있게 했다. 그러나 나중에는 후원자들의 압력을 더 이상 이겨낼 수 없었기에 로 비앙코는 자신의 기술을 공개해야 했다. 그의 짧은 책자는 건조하고 전문적인 어조로 해양생태계의 다양한 생물체를 죽이는 과정을 섬뜩하게 설명하고 있다.[11] 그러나 전문가들마저도 진짜 비밀은 과학의 언어만으로 설명할 수 없음을 이미 알고 있었다. 로 비앙코의 혁신적 기술을 다룬 보고서는 다음과 같이 쓰고 있다. "예를 들자면 많은 경우 고정액을 주입하는 일은 적절한 순간을 잡아서, 즉 동물이 특정 상태에 있을 때 하는 것이 매우 중요하다. 이러한 주입 시점은 여러 가변적 환경에 따라 다르고 개체에 따라서도 크게 달라지기 때문에 보존기술자의 느낌에 따라 요령껏 결정해야 하며, 이

그레텔 카르플루스, 1928년 카프리

점에서는 경험이 풍부한 기술자를 그대로 따라 하기란 결코 쉬운 일이 아니다."[12] 아도르노가 보기에는 이 생명체들을 죽이는 정교한 방식에 비평 작업의 핵심이 있었다. 예를 들어, 해면체를 '다루는' 데는 전문적인 지식이 필요하지 않다. 그것의 건조는 상식적 지식에 따르면 된다. 수족관 안내서는 이 과정을 다음과 같이 설명하고 있다. "해면체를 이런 용도로 보존하기 위해서는 육질이 모두 분해되도록 며칠 동안 그대로 두면 됩니다."[13]

하지만 이것으로 끝나는 것이 아니다. 비유적으로 표현하면, 여기서 생명의 소멸은 새로운 시작일 뿐이다. 일단 대상이 죽으면 모든 종류의 의미가 그것에 주입되기 시작하고, "그 대상은 고유의 의미 또는 특성을 상실하게 된다. 의미가 있다면 그것은 주입한 사람(즉 알레고리를 사용한 사람)이 부여한 것이다."[14] 벤야민의 비애극 책에서 아도르노가 주목한 것은 "의미가 알레고리처럼 주입된다"는 문장이다. 이런 주입은 박제 표본 제작자의 후반부 작업과 잘 일치한다. 즉 사물을 그냥 죽은 채로 두는 게 아니라, 삶과 죽음 사이의 기묘한 중간적 상태로 보존하는 것이다.

철학적 전투가 있은 지 얼마 지나지 않은 1926년에 파리에서 열린 제임스 앙소르(James Ensor)의 전시회에 대한 벤야민의 간단한 보고는 두 가지 유형의 '주입'—상감세공과 박제술—이 어떻게 연결되는지 보여준다. 앙소르의 그림 〈유령이 출몰하는 가구〉는 으스스한 가면들에 둘러싸인 방에서 어린이가 독서하고 있는 장면을 묘사하고 있다. 이 어린이는 배경에 흡수된 것처럼 보이는데, 벤야민의 시사에서 볼 때 이것은 그림을 "유령 같은 상감세공"[15]과 비슷하

제임스 앙소르, 〈유령이 출몰하는 가구〉(Le meuble hanté, 1888)

게 보이도록 한다. 벤야민은 그림 속 배경을 이렇게 묘사하면서 비린내 나는 물고기의 은유를 차용한다. "두껍게 커튼을 친 창문을 통해 희미한 빛이 가구로 가득 찬 혼란스러운 방으로 쏟아져 들어온다. 그 안에서 우리는 어린아이가 되어 마치 파충류의 내장 속에 있는 것처럼 숨이 막혀버린다." 이것은 "예를 들자면 물고기가 이미 가면의 모습을 하고 있는" 정물화이다.[16]

이 은유는 우연히 선택된 것이 아니다. 그림 속의 배경은 벨기에 오스텐데에 있는 앙소르의 어린 시절 집에서 유래하는데, 이 집은 "불가사리와 박제된 심해어류"[17]가 포함된 다양한 해양생물체 표본을 전시해놓고 있었다. 벤야민에 따르면, 상감세공 이미지에서 으스스한 뒤섞임(아상블라주)의 효과를 자아내는 가면은 앙소르의 작

제임스 앙소르, 〈가오리〉(La raie, 1892)

품에서는 가면을 닮은 물고기들로 이미 선취되어 있다가 마침내 그 기원으로부터 해방된 것이다.

우리는 이제 왜 아도르노가 슈베르트 평론을 쓰면서 그림엽서를 허구의 일종이라고 했는지 조금은 더 이해할 수 있게 되었다. 그림엽서는 원래 비더마이어 스타일*의 엽서들을 가리키는 것으로, 말하자면 슈베르트의 키치적 측면을 강조하기 위한 이데올로기적 부속물처럼 평론에 슬쩍 끼어든 것이었다.[18] 따라서 엽서는 접속곡에 대한 비판, 즉 가능한 모든 주제가 한꺼번에 제시되지만 곡의 역사

---

* 19세기 전반기의 반동적인 빈 체제 시기에 중산층 계급의 미술, 가구, 인테리어 등에 나타난 취향을 가리키는 말. 루트비히 아이히로트의 풍자시에 나오는 속물적 소시민 '비더마이어'(Biedermeier)에서 그 이름이 유래했다.

적 맥락이 생략되어 있는 것을 반영하기도 한다. 그 주제들은 '새로운 삶'을 약속하는 것 같지만, '대리인'에 불과한 것이다. 우리가 부르주아의 그림엽서에서 접하는 새로운 삶은 인위적 구성물일 뿐이다. 우리는 이제 그런 세계를 외관상으로만 살아있는 것으로 이해한다. 아도르노는 그런 외양을 처음으로 "허구적"이라 부른다. 그렇다면 이 두 번째 삶은 어떻게 자신을 "악마적으로 타락한 형태"로 만드는가?

죽은 것과 낯선 사물에 인위적 의미가 주입된다는 아도르노의 모델은 정태적이고 일방적인 과정이 아니다. 주입의 대상인 사물도 죽음과 같은 냉기로 이 의미에 영향을 준다. 이 과정에서 아도르노는 다시 나폴리 경험의 흔적을 은유적으로 담고 있는 벤야민의 비애극 연구에 의존한다. 의미의 전달 수단인 글쓰기의 양식적 측면은 벤야민의 책에서 지적하듯이 "의미에 종속된 작업이 아니며, ⋯ 읽는 과정에서 찌꺼기처럼 떨어져 나가는 것이 아니다. 그것은 읽히는 대상과 함께 그 '패턴'으로서 흡수된다."[19] 나아가 주입된 의미는 더 이상 이 '패턴'을 벗어날 수 없다. 이것은 의미의 관념론적 주입에 대한 유물론적 복수이다. 형이상학적인 모든 것이 이 세상에서 어떤 식으로든 눈에 띠려면, 상감세공의 이미지가 그 재료로부터 분리될 수 없는 것처럼 그것이 착근할 수 있는 가시적인 무언가가 필요하다. 아도르노는 키르케고르에 관한 책에서, 영혼(아직 유령의 의미는 아니지만)은 "그 표현 수단으로서 육체에 종속되어 있다"[20]고 썼다. 그러나 납골당의 경우, 이러한 물리적 형태는 다 죽어버렸고, 따라서 여전히 이것이 필요한 영혼은 스스로 살아있는 유령, 악마적인 유령으로 변하는 수밖에 없다.

아도르노 텍스트에서 외부로부터 주입된 의미에 죽음이 달라붙는 과정은 훗날 '변증법적 이미지'(dialektische Bild)로 불리게 될 개념을 떠올리게 한다. 주관성은 죽은 사물들에 "욕망과 불안의 의도를 주입함으로써 그것들을 소유한다. 사라진 사물들이 이렇게 주관적 의도의 이미지로 존재함에 따라, 이 이미지들은 마치 태곳적 과거와 영원에서 기원한 듯 보이게 된다. … 사물들은 외관상 가장 새로운 것으로 깨어나는 반면, 죽음은 의미를 가장 오래된 것인 양 변형시킨다."[21] 아도르노는 나중에 벤야민에게 보낸 편지에서 그로부터 배운 개념을 위와 같이 설명했다.

아도르노와 크라카우어가 수족관 박제 표본실의 기이한 사체들과 살아있는 동물들이 있는 수조를 바라보는 동안, 그들의 서사적 상상력 속에서 후자는 고정액에 절여진 표본들의 악마적인 부활로 바뀐다. 의미의 주입으로 외양뿐인 생명이 만들어지기는 하지만, 죽음의 성질이 이 인공적인 생명체를 통해 자라나면서 그것을 '악마적으로 타락한' 모습으로 변모시키기 때문이다. 그래서 크라카우어는 이런 해양생물체들을 "지옥에서 온 것"이라고 표현했다. 아도르노의 슈베르트 평론에서 죄 없는 그림엽서를 두고 "악마적으로 타락한" 것이라고 부른 것도 같은 맥락이다.

이처럼 현대 세계에 대한 진단 변경과 변증법적 이미지의 메커니즘은 아도르노로 하여금 이론적 상상력의 무대를 바꾸게 만들었다. 우리는 더 이상 죽은 자들과 낯선 것들로 둘러싸인 납골당에 갇

관광객들을 위한 나폴리 수족관 광고포스터(1902년)
ⓒ Stanzione Zoologica Anton Dohrn.

혀 있지 않다. 우리는 이제 유령들 사이에서, 죽지 않은 것들로 가득 찬 영적 세계를 떠돌게 되었다. 이런 변형된 형태의 지옥이 가능한 것은 죽은 것들이 가상의 삶을 부여받고, 삶과 죽음의 경계를 돌아다니는 악마적 생명체가 무대를 가득 채우고 있기 때문이다. 여기에 존재하는 것은 시체더미가 아니라 시체 같은 것들 모두에 대한 극단적 부정이다. 즉 "부정적 영원성으로서의 죽을 수 없음"[22]이 그것이다. 벤야민의 비애극 책과 크라카우어의 치밀한 상상력에서 힘입은 아도르노는 포시타노 마을의 음산한 풍경, 소렌토의 수공예품, 해양생물학연구소에서 얻은 경험을 자신의 철학적 사유로 전환시켰다.

 이 지옥의 시나리오는 아도르노 저작에서 강력하고 매혹적인 이미지로 표현되고 있지만, 그가 실제로 추구한 목표인 성좌로 가는 길을 가로막는다. 의미에 대한 부르주아적 열망은 다공성의 구멍을 막는 결과를 낳았고, 따라서 성좌로 가는 길을 방해한 책임이 누구에게 있는지도 분명해졌다. 하지만 죽은 사물과 주입된 의미의 얽힘이 만들어낸 이런 변증법적 이미지가 오히려 성좌로 가는 길을 방해하고 있다면, 거기에 도달할 수 있는 다른 방법은 있는 것일까?

하지만 어쩌면 우리는 이미 우리가 찾는 것에 가까워지고 있는지도 모른다. 슈베르트 평론에서는 두 가지 변증법적 이미지가 활용된다. 바로 그림엽서와 접속곡이다. 접속곡은 슈베르트의 풍경이 지닌 "모호한 영원성"을 파괴하여 "결국 그 실체가 인식될 수 있도록 하는 놀라운 기능을 한다. 그것은 앞서 언급한 죽음의 풍경이다."

따라서 우리의 추측은 틀리지 않았다. 슈베르트 평론의 시작 부분에 나오는 풍경은 또한 이 평론이 향하고 있는 목적지―슈베르트에 대한 진리의 성좌―이기도 하다. 그리고 접속곡은 이 평론을 이끄는 원동력인데, 왜냐하면 그림엽서 풍경을 "지긋지긋하게 재현"함으로써 그 풍경을 파괴하고 분화구의 풍경으로 바꾸어놓기 때문이다. 하지만 이 작업은 어떻게 가능하며, 정확히 무엇을 의미하는가?

부르주아의 가면을 벗겨 악마적 존재로 드러내는 것은 전통적 마르크스주의자들의 목적에 유용할 것이다. 그들은 계급의 적에 대한 이런 폭로를 환영하겠지만, 부르주아와의 투쟁이라는 결정적 임무와 씨름하는 일은 여전히 프롤레타리아의 손에 맡겨져 있다. 그러나 아도르노는 이론 형성 초기에는 이런 문제에 그나시 관심이 없었다. 오히려 그는 부르주아적 인간을 이러한 비판의 수용자이자 수행자로 설정했다. 그러나 그것은 아마도 불가능한 일일 것이다. 환상의 영역에 갇힌 사람이 어떻게 그 영역에서 벗어날 수 있으며, 바로 그 영역에 터하고 있는 자기 존재의 기본 조건을 어떻게 비판할 수 있겠는가? 아도르노가 나중에 부르주아적 합리성에 대한 비판을 확장하여 모든 인간에게 적용했을 때, 위르겐 하버마스는 이것을 '수행적 모순'이라는 말로 비판했다. 이 비판은 언뜻 보기에 그럴듯해 보인다. 이성을 비판하기 위한 수단으로 이성을 이용하는 것이 논리적으로 가능한가? 하버마스의 견해에 따르면, 이데올로기 비판이 그 자체에 적용되면 "비판적 능력의 자기 파괴라는 역설을 낳는다. 왜냐하면 설명의 순간에도 여전히 이미 죽었다고 선언한 비판을 이용해야 하기 때문이다. 이는 계몽주의가 그 자신의 도구로 인해 전체주의로 변모하는 것을 스스로 규탄하는 것과도 같다."[23]

아도르노의 변증법적 이미지 개념은 이러한 모순에 대한 독창적인 해법을 제공한다. 이 이미지는 자신과의 얽힘에서 자유로워진 대상을 만들어내는데, 이는 오로지 그 자신의 악마성이 다른 대상에게 반영되어 있는 경우에만 가능한 것이다. 잠깐 사이에 모호함의 벽이 무너지고 자신이 처한 조건의 진실을 알게 되는 것이다. "당신은 스스로 역겨운 존재가 된다"고 크라카우어는 썼다. "하지만 중요한 건 바로 그것이다. 즉 실제로 존재하지 않는 존재들 사이의 만남이 여기서 이루어진다. 텅 빈 공간 속의 유령인 당신 역시 마법에 걸린 형상들, 즉 당신이 가는 길을 막고 그들의 공허 속으로 끌어들이는 형상들에게 괴롭힘을 당하고 있는 것이다."[24]

일단 주체가 변증법적 이미지를 통해 자신을 만나게 되면, 의미가 주입되었던 과정을 원상으로 되돌릴 수 있다. 이 경우, 자기 인식을 통한 개선은 악의 원인을 제거하는 것을 의미할 뿐이다. 하지만 악의 원인은 바로 자기 자신이다. 자신을 자연스러운 존재로 인식하는 것은 좋은 일이지만, 주체는 오직 자신의 죽음을 통해서만 자신이 주입한 의도를 되돌려서 대상을 해방시킬 수 있다. 그리고 그때서야 젤라틴처럼 흐늘거리는 생물은 말라서 다공질의 스펀지가 될 수 있다. 크라카우어는 "젊은 사람이 유령 앞에서 자살하는 것을 우리는 쉽게 상상할 수 있고, 그것을 그리는 것도 어렵지 않다"고 썼다.[25]

아마도 이 주제에 대한 아도르노의 가장 통렬한 사유는 음악에 관한 글에서 다시 접할 수 있을 것이다. 중년의 베토벤은 성미 급한 주체의 전형이었지만, 죽음에 이르러서는 자신의 폭정에 스스로 대항하는 모델이 되었다. 베토벤에 대한 글에서 아도르노는 다음과 같이 썼다. "후기 작품에서 나타나는 주체의 폭력은 그 작품에서 벗어나기 위한 성마른 몸짓이다. 작곡가는 자신을 표현하기 위해서가 아니라 예술의 환상을 벗어던지기 위해 무표정하게 작품을 산산조각 낸다. 작품에서 남은 것은 이제 파편들뿐이며, 소통 자체는 마치 암호처럼, 폭력적으로 비워진 공간을 통해서만 이루어진다. 죽음을 만진 대가의 손은 이전에 만들었던 재료 뭉치들을 해방시킨다. … 따라서 더 이상 주체에 의해 주입되거나 통제되지 않는 관습들은 여전히 잔존해 있다."[26]

일단 주체가 물러나면 죽은 것들은 자유를 얻고, 마침내 죽은 상태에서 아무런 방해도 받지 않고 함께 모여서 스스로 성좌를 형성한다.

10
폭파로 얻은 삶의 공간

　남부 이탈리아의 텅 빈 공간을 폭파시킨 장본인인 스위스인 길버트 클라벨(Gilbert Clavel)은 아도르노와 크라카우어가 여행 중에 만난 가장 매력적인 인물이었을 것이다. 척추측만증과 결핵으로 고생하던 클라벨은 다른 사람들과 마찬가지로 건강을 되찾기 위해서 남부 이탈리아에 왔다. 아도르노와 크라카우어가 방문한 지 2년 후 그는 44세의 나이로 죽었다. 클라벨과 예술적 우정을 긴밀하게 나눈 미래파 화가 포르투나토 데페로(Fortunato Depero)는 그를 다음과 같이 표현했다. "작은 키에 꼽추 같은 신사. 작은 아귀처럼 곧은 코, 금니와 여성스러운 신발을 신은 신사. 그의 웃음은 유리처럼 투명했고, 갈대 소리처럼 경쾌했다."[1]
　클라벨은 다방면에 걸친 예술가였다. 그는 여러 소설을 남겼는데, 그의 단편 「자살연구소」는 이탈리아어로 번역되었으며, 카프카가 쓴 마약 소설 같다는 평을 듣기도 했다. 제목의 '연구소'는 환각 상태에서 실행할 수 있는 세 가지 자살 수단을 제시하는데, 폭음, 섹스에 대한 과잉탐닉, 아편이 그것이다. 이 소설의 삽화를 그린 데페로와 함께 그는 이른바 가변형 무대를 개발했는데, 그 원형인 '발리 플라스티치'(Balli plastici, 英 Plastic Dances)는 한때 로마에서 큰 찬사를 받으며 공연되다가 중단되었다. 그러나 생애 마지막 20년 동안 이룬 클라벨의 가장 위대한 예술적 성취는 포시타노의 오래된 '사라센 탑'[*]이었다.

나폴리, 카프리, 포시타노를 잇는 삼각지대에는 이상한 건축 프로젝트가 많았다.[2] 안톤 도른의 수족관은 초기의 편집광적 프로젝트였으며, 스웨덴 의사 악셀 문테가 지은, 당시로서는 가장 유명했던 빌라 산미켈레는 베수비오 산, 카프리 섬, 그리고 반도 전체를 조망할 수 있는 위치에 있었고 고대 예술품으로 채워진 실내 장식으로도 유명했다. 시간이 많은 카프리 여행객들은 티베리우스의 빌라 요비스 또는 근처의 빌라 리시스를 방문하곤 했는데, 1923년에 마약 과다 복용으로 자살한 자크 다델스와르-페르센 남작의 소유였다. 스테파니 조넨탁은 자신의 카프리-나폴리 안내서에서 그의 화려한 빌라를 다음과 같이 간략하게 소개하고 있다. "그는 사랑과 고통을 섞어서 도금한, 햇볕에 반짝이는 네 개의 기둥으로 세워진 도리스 스타일의 현관을 갖춘 화려한 건물을 끔찍이 아꼈다."[3]

포시타노에 산재한 별장들은 여전히 사람들이 거주하는 공간으로 활용된다는 점에서 카프리와는 달랐다. 물론 존-레텔의 삼촌 칼

---

[*] 사라센인의 침입을 막기 위해 중세에 세워진 탑으로, 클라벨에 의해 예술적 건축물로 개축된다.

포시타노 인근의 해안절벽

이 소유한 빌라처럼 사람이 살기에 "적합한" 집들도 있었지만, 집과 자연이 구분이 안 되는 건물들도 많았다. 예를 들어 알프레트 칸토로비츠는 자신의 거처를 소개하면서 "몬테 안젤로의 절벽을 깎아 만든 외딴 곳에 살았는데, 수세기 동안 비어 있으며, 간이침대, 흔들리는 탁자, 그리고 내가 빌린 낡은 의자를 제외하고는 아무런 가구도 없이 해발 100미터 높이에 자리 잡고 있었다"[4]고 썼다. 벤야민과 라시스가 포시타노의 암석 지대에서 관찰한 텅 빈 공간은 문명을 피해 북유럽에서 온 사람들이 거주지로 이용했다.

길버트 클라벨은 고급스러움과 독창성을 결합해서 사라센 탑을 멋진 궁전으로 만들었다. 클라벨의 동생 르네(René)는 그들이 방문한 모든 탑 중에서 이런 희귀한 오각형 탑은 없었다고 회고한다.[5] 매입할 당시 이 탑은 해안의 바위 위에 외롭게 서 있었기 때문에 바다를 통해서만 거기에 갈 수 있었다. 카라카우어는 이 탑이 "썩어가는 이빨"과 같았으며, 클라벨이 "이걸 뿌리까지 뚫은 다음에 그 위에 크라운[齒冠]을 씌웠다"⁶고 썼다.

탑의 개축은 클라벨의 평생에 걸친 예술 프로젝트가 되었다. "탑의 개축 전체가 형에게는 자신의 지적 아이디어를 효과적으로 실현하기 위한 건축학적 문제였다"고 르네 클레벨은 썼다.⁷ 이 탑의 개축에 참여한 사람은 카라카우어 글에서 언급된 이들보다 훨씬 많았으나, 전체적인 작업은 "스스로 독학해서 그가 선임한 기술자의 20년 경력에 버금가는 전문적 건축술을 익힌 형이 주도했다."⁸ 예를 들어 바다로 향하는 35미터의 나선형 통로를 만들기 위해 클라벨은 아무런 스케치도 없이 오직 컴퍼스와 막대자만 가지고 작업했다.

크라카우어와 아도르노는 1925년에 클라벨의 탑을 방문할 기회를 얻었다. 탑은 이미 완공되어 일반에게 공개되었다. 독특한 실용성을 갖춘 내부와 비할 데 없이 아름다운 외관은 인상적이었다. 베를린의 유명한 건축 잡지는 이 탑에 대한 기사에서 "가장 마술적인 장소이며 바위를 깎아 만든 건축물 중에서 세상에서 가장 훌륭한 사례에 든다"고 평했다.⁹

그럼에도 불구하고 1925년에도 공사는 여전히 계속되고 있었다. 아도르노와 카라카우어는 클라벨이 탑 주위의 몇몇 연립주택들과 탑 뒤편 바위에 있는 방들을 전부 연결하는 비밀통로를 만드는 장면을 목격했다. 그가 선택한 방법—폭파—은 모든 것을 경이로운 구경거리로 만들었다. 당시 상황에서는 발파만이 유일한 기술적 대안이었고, 나폴리 지역 건축의 표준적 과정이었다. 클라레타 체리오는 "먼저 빗물을 모으는 데 필수적인 지하 저수조를 건설하기 위

재건축 이전의 사라센 탑(1909)

클라벨의 개축 이후의 사라센 탑

해 바위투성이 땅을 발파했다. 저수 공간은 발파에서 나온 돌과 포졸란 시멘트와 석회석을 섞은 모르타르를 이용하여 만들었다"고 그 과정을 설명했다.[10] 이 작업은 좀 더 철저하게 수행되었다는 점을 제외하면 나폴리 사람들이 땅에서 건축자재를 얻기 위해 사용한 방식과 동일했다.

이 방법은 라 카프리아가 "지질학적이며 형태학적인 낯섦"이라고 언급했던 건축자재의 특성 때문에 개발된 것이다. 석회암은 퇴적암의 일종으로 석회 광물은 유기물의 퇴적 또는 화학적 변화의 결과물이다. 석회암은 응회암보다는 투과성이 덜한 특성을 가지고 있다. 존 그로칭거와 토머스 조던이 1924년에 그들의 책 『지구의 이해』에서 기술한 것처럼 "땅 밑의 퇴적물은 용해된 광물질이 가득한 지하수에 지속적으로 씻겨나간다. 이 광물 성분들은 퇴적물 입자 사이의 작은 구멍들에 침전되어 입자들을 서로 결합시키고, 협착이라 부르는 화학적 변화를 일으킨다. 협착은 다공성—암석에 나 있는 구멍의 비율—을 줄인다."[11]

따라서 클라벨이 건축 방식으로 폭파를 택한 것은 자연스러웠으며, 발파로 돌이 너무 멀리 날아가서 발생하는 부수적 피해는 당연했다. 그의 동생은 이 문제를 최소화할 수 있는 미국식 방법을 알려주었다. 즉 "뉴욕에서는 폭약재 위에 큰 매트를 깔고 케이블로 땅에 고정시켜서 발파로 파편들이 다른 곳으로 날아가는 것을 방지한다."[12] 사실 이 발파 기술은 독특한 것도, 유일한 기술도 아니었다. 시멘트재, 밀봉재, 목재로 만든 프레임도 사용되었지만, 발파가 가장 어려운 부분이었다. "공간을 만드는 게 가장 시간이 많이 들어가는 작업이며, 늘 그렇듯이 짓는 것보다 더 많은 노력이 들어간다."[13] 이곳을 둘러보는 방문객들이 이런 위치에 이렇게 멋진 건축물을 짓기 위해서는 발파가 가장 힘들었을 것이라고 생각하는 것은 너무 당연했다.

클라벨에 대한 크라카우어의 글은 방문에서 얻은 인상이 얼마나 강렬했는지를 보여준다. 그의 글은 매우 시적이면서 또한 양가적이다. 글의 후반부는 클라벨이 한 명의 악마로 변하는 과정을 묘사하고 있는데, 악마는 크라카우어가 싸우고 있던 대상이기도 했다. 그러다가는 잠시 동안 이 작은 꼽추 같은 건축가를 자유의 투사로 바꾸어, 발파 작업을 이 투사가 가진 가공할 무기로 표현했다.

크라카우어가 상상하기에, 클라벨이 맞서 싸운 적은 물이었다. 물은 돌의 구멍들을 메우는 바로 그 요소였으며, 수족관에 전시되어 있던 괴물 같이 물컹거리는 생명체들의 서식처였다. 아마도 크라카우어와 아도르노가 방문했을 때 클라벨이 바닷물에 대해 한 말은 그의 일기에 적혀 있는 다음 내용과 비슷했을 것이다. "나는 바위 앞에서 물기둥이 부서져 먼지가 되는 것을 본다. 산더미 같은 물보라가 날카로운 돌무더기 위로 솟구치면 돌들은 산산조각 나서 흩어졌다가 다시 밀려온다. 하루에도 수천 번씩 이런 소멸이 일어나고, 하루에도 수천 번씩 새로운 힘이 흰 거품을 파도 꼭대기에 올려놓는다. 세월은 무엇이고 사람은 무엇이며 그들의 인생은 무엇인가? 조용한 여름밤, 바위가 조용히, 아주 조용히 가라앉는다."[14] 클라벨은 자신의 탑에서 홀로 거친 폭풍을 몇 번이고 견뎌냈고, 바다는 때때로 "상처 난 동물의 몸에서 나오는 피비린내 나는 갈색 빛깔의 고

길버트 클라벨, 악마 또는 자유의 투사

름"[15]처럼 보였다.

크라카우어의 텍스트는 그것을 "바닷물, 요정 같은 신비"[16]라고 언급하면서, "땅을 흠뻑 적시는 파괴적인" 그 쇄도에 대처할 수 있는 유일한 방법은 그것을 폭파하여 공간을 만드는 것뿐이라고 설명한다. 폭파로 얻은 "열린 공간"은 이런 파괴를 예방할 수 있는 유일한 수단으로, "인공적인 빈 공간은 이 염분으로 가득 찬 공격을 피할 수 있는 유일한 길이다."[17] 물속의 젤라틴 덩어리는 분해되어 납골당으로 가고, 바위에는 다시 빈 구멍이 생겨서 결국 비판이론가들이 사회적, 인식론적 유토피아를 만드는 데 사용한 투과성(permeabilirty)이 복원된다.

"밤이 되고, 멀리 시야에서 사라진 어선들은 어둠 속에서 밝은 빛을 비춘다. 하나, 둘, 셋… 점점 늘어나면서 별자리를 형성한다. 그 위의 하늘도 똑같다. 위와 아래에서 비추는 밝은 별. 나는 바다가 내 아래에 있음을 잊는다. 나는 오직 빛들만 본다." 길버트 클라벨은 이렇게 일기에 썼다.[18] 미래파의 영향을 받은 이 스위스인의 평생에 걸친 건축 프로젝트와 크라카우어의 글에 담긴 탁월한 시적 묘사를 통해서 나폴리의 표준적인 건축 방식인 '발파'는 아도르노 철학의 중심적인 은유가 되었다. 주입의 과정을 통해 두 번째 본성이 된 모든 것과, 더러운 형체의 출현으로 악마가 되어버린 모든 것이 여기서 산산이 부서져 내린다.

클라벨의 동굴에서 바라본 바다 전경

II
분화구 탐험

    독일로 돌아가 보자. 1925년 12월의 〈보체크〉 초연은 알반 베르크에게 큰 성공을 안겨주었다. 아도르노는 초연에 참석했으며, 두 번째 공연에는 벤야민도 동석했다. 얼마 후 아도르노는 베르크에게 상세한 보고를 담은 편지를 보냈다.[1] 이 공연은 단순히 악보만 봐서는 얻을 수 없는 새로운 영감을 열어주었으며, 이 영감이 너무 거대해서 아도르노는 이 오페라에 대한 새로운 글을 쓸 필요가 있다고 생각했다. 그러나 그가 베르크 오페라의 진리를 제대로 조명하기로 한 데는 또 다른 이유가 있었다. 나폴리에서의 철학적 전투가 그의 마음의 맨 앞에 자리하고 있었던 것이다. 사유의 재편이 본격적으로 진행되고 있었고, 그 강도는 점점 올라갔다. 1926년 3월, 아도르노는 베르크에게 이렇게 썼다. "작년 가을 이후, 그리고 나폴리에서 있었던 벤야민과의 논쟁 이후 저의 철학은 치열하게 발전하는 중에 있고, 그 첫 신호는 음악잡지 『안브루흐』에 쓴 〈보체크〉 평론에서 이미 나타난 바 있습니다. 그러나 더욱 에너지를 쏟아 생각을 하자니, 이전에 사용했던 범주들의 불완전함과 부정확성이 제게 점점 더 강하게 떠오르더군요."[2]

그의 이전 〈보체크〉 평론에 따르면, 고독한 주체—그가 '표현주의적 주체'라고 불렀던—는 그의 고통과 외로움을 표현하고 싶어 하지만, 이미 모든 가능성을 소진하여 더 이상 주관적이고 독창적인 표현에는 이용할 수 없는 음악적 전통에 묶여 있는 상태이다. 따라서 새로운 음악적 표현을 찾는 예술가는 끊임없이 소재를 해체함으로써 변화가 일어나도록 해야 한다. 그러나 음악적 소재는 작곡자의 표현 욕구에 의해 해체되는 과정에서, 애초에 그 과정을 일으킨 욕구로부터 스스로를 해방시킨다. 작곡자가 스스로 시작한 이런 과정에 참여하고자 한다면, 표현의 고통을 "구성적인 의지"로 대체해야 한다. "규칙적인 화성과 그 구성 형식이 구성적 의지 아래서 상호 연관되어 작곡자 자신을 심리적 표현욕에서 해방시키는 순간, 하나의 변화가 일어난다." 이 변화를 통해 작곡자는 자신마저 폭파시켜버리는 클라벨이 된다. 하지만 "폭파를 실행하는 개인은 더 이상 단순한 개인이 아니다."[3] 여기서 다시 한 번 작곡상의 성취가, 즉 아도르노가 베토벤 후기 형식에서 완벽하게 실현되었다고 본 음악적 성취가 이루어진다. 그것은 이미 뒤로 물러난 주체의 해방을 의미하지 않는다. 해방되는 것은 이런 변화 속에서 다공성을 띠게 된 음악적 소재 자체이다.

그러나 바로 이 변화—주관적 의도의 파국적 붕괴—로 인해 다공적 성좌 즉 "신학적 실재성"[4]의 창조가 가능해진다. 이것이야말로 아도르노가 〈보체크〉 평론의 핵심으로 다룬 진리이다. 이제 아도르노의 이전 평론—표면적으로는 전통적 글쓰기와 다름없이 읽었던—에서 실제로 성좌화하려고 했던 것이 무엇인지가 분명히 드러난다. 그 글은 변화, 주체의 붕괴, 파국적 폭파, 다공성의 창조 등 변주의 여러 형태들을 보여주려는 것이었다. 벤야민과 라시스의 나폴리 글에서처럼, 우리는 이 글에서 다공성을 하나의 무대로, 즉 진리로 둘러싸인 중심에 난 구멍으로 마주하게 된다. 그러나 이 진리는 다공성이 만들어지는 과정—즉 붕괴—에 대한 진리이며, 작은 다공성들 전체가 모여 형성한 성좌에 둘러싸인 진리이기도 하다.

이 평론의 각 절들은 모두 이 구성적 중심에 대한 변주—말하자면 붕괴에 대한 변주—이다. 첫 번째 절에서 이 변화는 (쇤베르크와 알반 베르크 사이의—옮긴이) 전통적 사제 관계가 스승과 제자 양자의 분리로 바뀌는 데서 일어나는데, 이처럼 분리된 관계에서 전수될 수 있는 것은 오로지 음악적 기교뿐이다. 여기서의 '기교'란 변주 기법을 말하는 것으로서, 이것은 평론의 두 번째 절에서 다뤄진다. 전통 음악에서는 주제와 변주가 명확히 구분되는데, 쇤베르크 기법에서는 변주가 특히 두드러지게 나타나기 때문에 독립적인 주제는 더 이상 존재하지 않는다. 이것은 벤야민과 라시스가 나폴리 글에서 정의한 순수한 의미의 다공성과도 통하는 것이다. "결정의 도장은 찍히지 않는다. 상황은 늘 변화하며, 어떤 사람도 '저것이 아니고 이것'이라고 분명하게 주장하지 않는다."[5] 세 번째 절에서는 독창성을 고집하는 예술가와 이에 저항하는 전통 간의 결투가 산산이 조각난 음악적 형식의 폐허라는 성좌로 이어진다. 글의 마지막에 이르면, 베르크의 이전 작품들마저 하나의 전환으로, 즉 끊임없는 붕괴의 결과들로 제시되며, 〈보체크〉 오페라 역시 실내 협주곡으로 전환하기 위한 작품, 곧 실내 협주곡이라는 성좌를 형성하기 위한 소재로 제시된다.

따라서 새로 깨달은 철학적 해석 방식과 문체 형식은 〈보체크〉에 대한 첫 번째 평론에서 이미 충분히 발전되어 있었다. 그러나 하나의 중요한 연관성이 아직 빠져 있었다. 작곡가는 자신만의 표현을 추구하는 과정에서 음악적 관습에 대항하고 그것을 폭파시키지만, 음악적 관습이 지닌 제2의 본성은 아직 주입의 메커니즘, 악마적 전환의 메커니즘과 관련하여 밝혀지지 않은 상태다.

1925년 가을에 첫 번째 평론을 쓰는 과정에서 아도르노는 새로운 문체적 이상을 발견하고 구현하기 위해 노력했으나, 두 번째 평론에서는 자신의 목표가 지나친 이상임을 깨달았고, 곧장 베르크에게 그렇게 쓰기가 어려울 것 같다는 고백을 담은 편지를 보냈다. 아도르노는 자신이 걸어온 길—공산주의에 대한 접근까지 포함한—을 돌아보며, "형이상학적 출발점에서 시작하여 인식론을 거쳐 실증적 역사철학과 정치이론에까지"[6] 이르렀다고 썼다. 아도르노는 처음에는 관심사의 우선순위를 정하지 못하고 망설였다. 그는 여전히 작곡가가 되겠다는 목표를 세우고 있었으며, "음악에서는 형식에 대한 구성적 상상력보다 중요한 것은 없다는 점—즉 제가 수년 동안 키르케고르적 방식으로 천착해온 '개별적 요소' 그 자체의 개성과 내면성보다 중요한 것은 없다는 점(물론 변증법적으로도!)"[7]을 깨달으면서 작곡과 글쓰기를 위한 기술로서 성좌에 관심을 두었다.

그러나 시간이 지나면서 아도르노는 이 글쓰기 방식에 악마성이라는 요소를 추가하였다. 〈보체크〉에 대한 첫 번째 평론에서 지옥에 대한 상상은 아직 표면에 드러나 있지 않았다.[8] 1929년에 그가 모든 난관을 극복하고 가까스로 완성한 두 번째 평론에서는 '주체'야말로 악마가 객관적 인물로 솟아오르는 심연으로 등장한다.[9]

그 전해에 쓴 슈베르트 평론에도 이미 화산의 분화구에서 솟아오르는 자신의 악마성과의 조우가 중심 이미지로 포함되어 있었지만, 이 장면은 주체가 아니라 탐구 대상인 객체에 의해 연출된 것이었다. 그러나 말하려는 과정은 같다. 접속곡 곧 변증법적 이미지는 모호하지만 영속적인 그림엽서 풍경의 악마적 요소를 반영하고 그것의 진실을 드러내어, 그 자신의 성좌를 만들도록 강제한다. 그것은 지옥 같은 배경에 맞춰 '지옥처럼' 스스로를 재현함으로써 죽음의 풍경을 형성한다. 이 과정을 온전히 이해하려면 우리는 먼저 베수비오 산으로 올라가야 한다.

베수비오 산 등반은 나이 많은 관광객의 딜레마를 해결해준다. 화산처럼 강력한 것이 아니라면, 여행을 통해 얻고자 하는 특별한 영감을 달리 어디서 얻을 수 있겠는가? 칸트의 『판단력비판』은 "모든 파괴력을 지닌 화산"[10]을 험준한 암벽, 폭풍, 성난 바다 등이 주는 위협과 함께 우리 안에 숭고한 느낌을 불러일으키는 자연현상으로 분류하면서, 이 숭고함은 "우리가 안전한 장소에 있을 때에"[11] 온다고 지적했다. 칸트는 말하기를, 두려움을 느끼는 이들은 "자연의 숭고함에 대해 어떠한 판단도 내릴 수 없는데,"[12] 왜냐하면 그들은 생존이라는 현실적 문제에만 붙들려 있기 때문이다. 이런 점에서 관광객은 현지인보다 더 많은 이점을 누릴 수 있다. 현지인들은 늘 화산 폭발의 위험이 도사리고 있는 위험 지대에 살고 있는 반면, 이런 위험으로부터 떨어져 있는 관광객은 자연의 숭고한 전율을 즐길 수 있다. 보리스 그로이스는 "따라서 칸트에게 있어서 이성이 지니고 있는 무한한 관념의 주체는 처음부터 끝까지 관광객이다"[13]라고 썼다.

그러나 칸트 시대의 베수비오 산은 아직 쿡의 케이블카가 설치되기 이전이었다. 1887년이 되어서야 토마스 쿡 앤드 선즈(Thomas Cook & Son's) 사의 '아들'인 존 메이슨 쿡은 8년 전에 개설된 철도를 매입했다. 죽기 얼마 전에 존은 전기철도에 케이블카를 연결하는 공사를 시작했다. 1906년에 베수비오 산이 폭발하면서 철길의 마지막 구간이 파손되었고 정상까지는 말을 이용해야 했는데, 이 마지막 구간은 3년 후에 복구되었다. 운행하는 궤도도 두 개로 늘어났으며, 새로 설치한 전력설비 덕분에 야간에도 운행이 가능해졌다. 1920년대에는 방문객 수가 급격히 늘어서 궤도가 세 개로 늘었다.[14] 당시 중부나 남부 이탈리아 단체여행 상품을 신청한 사람들은 원하든 원하지 않든 모두 베수비오 산을 오를 수 있는 쿠폰을 받을 수 있었다.[15]

화산의 숭고함이 진부함으로 바뀐 과정은 이러한 기술 발전과 밀접하게 관련되어 있다. 테오도어 폰타네도 여행 계획에서 베수비오 산 방문을 지워버렸고,[16] 대신 화산을 그의 소화장애에 대한 은유로 이용했다. 길버트 클라벨도 베수비오 산을 자기 몸에 비유해서 자동차의 모터로 상상했다. "나는 방금 퇴적물로 막힌 장의 배출구에

베수비오 화산 분화구

긴 튜브를 삽입하고 가벼운 치료용 차를 부었다. 베수비오 산의 폭발이 이어졌고, 내 등은 쭉 펴졌다."[17]

아도르노가 베수비오 산을 오르면서 통상적이지 않은 길을 택한 이유도 여기에 있을 것이다. 그의 슈베르트 평론 서두에 나오는 방문자는 다른 방향, 즉 '심연으로부터' 걸어 나온다. 이 글이 분화구의 심연과 방문자가 나오는 땅속 깊은 곳을 이야기할 때, 거기서는 늘 무언가를 놓칠 수밖에 없다. 왜냐하면 일단 심연 밖으로 나와야만 방문자는 "빛나는 덩어리가 맹렬히 소용돌이치며 뿜어내는 빛"을 볼 수 있기 때문이다. 심연에는 거대한 힘이 작용하고 있지만 별빛을 볼 수는 없다. 심연에서 맹렬히 움직이는 "열렬한 손길"은 "도달할 수 없는 빛을 움켜쥐려" 헛되이 애쓰지만, 별들은 심연에서 빠져나온 이들에게만 빛날 뿐이다. 바닥없는 심연에서 기이한 행위를 일삼는 악마는 다름 아닌 의미를 주입하는 주체이다. 이 주체는 낯선 세계에 자신의 표현적 힘을 '주입'함으로써 그곳을 안락한 곳으로 만들고자 한다.

아도르노의 묘사에 따르면, 이 심연에서 벗어나 주변 풍경에 도달할 수 있다면 그것은 큰 축복이다. 왜냐하면 우리는 오직 이 풍경 속에서만 저 열렬한 손길이 헛되이 얻으려 했던 빛을 깨달을 수 있기 때문이다. 아도르노가 나폴리를 방문한 지 일 년 후, 존-레텔은 베수비오 산에 오르던 순간을 다음과 같이 묘사했다. "달빛에 반짝이는 봉우리들이 분화구 주변을 둘러싸고 있는 들쭉날쭉한 바위들의 차갑고 푸르스름한 은빛 속에서 솟아올랐다. 나는 이 천문학적 풍경의 압도적 아름다움에서 한동안 눈을 뗄 수 없었는데, 그 풍경은 마치 보석의 퇴색한 색채를 무색하게 만드는 듯했다."[18]

하지만 이 아름다움은 그 자체로 목적이 아니다. 이 특별한 빛은 '진리'를 비춘다. 여기서 진리란 심연이며, 심연이 어떻게 생겨났는지에 대한 서사이다. 애초에 화산 폭발의 결과로 만들어진 풍경이 이 벌어진 구멍을 둘러싸고 있다. 이 풍경 둘레의 "장엄한 침묵"이 없다면 우리는 그 구멍에 대해 아무것도 알 수 없을 것이다. 분화구 주위를 둘러싸고 있는 것이야말로 성좌이며, 성좌는 심연 속의 괴물 같은 주체가 과거시제로만 언급되는 이유이기도 하다. 왜냐하면 이 성좌는 주체가 만들어낸 변증법적 이미지가 폭파되었을 때만 형성되기 때문이다. 그리고 우리는 이 성좌를 통해서만, 즉 변증법적 이미지가 파괴된 이후에야 비로소 그것이 존재하였음을 알게 된다.

이것이 바로 성좌의 풍경이 그 자체로는 보여줄 게 거의 없는 이유이며, 단지 심연의 "악마적 이미지"를 가리키는 역할만을 하는 이유이기도 하다. 성좌는 심연을 둘러싸고 있음으로써 그것을 표시해 준다. 여기서 변증법적 이미지와 성좌는 서로 연결되며, 후자는 전자의 파괴가 된다. 이런 의미에서 성좌는 아도르노에게 있어 변증법적 이미지의 핵심 요소를 이룬다. 성좌는 변증법적 이미지를 파괴함으로써 그것을 완성한다.

이제 슈베르트적 풍경의 '진리'가 무엇을 의미하며, 베수비오 산이 슈베르트와 무슨 관련이 있는지가 마침내 분명해진다. 처음부터 근저에 존재하고 있던 이 진실이 드러나게 된 것은 바로 변증법적 이미지와 성좌 상호간의 메커니즘이 작용했기 때문이다. 접속곡의 변증법적 이미지를 통해 슈베르트 음악의 풍경을 쏙파시키는 것, 그럼으로써 그것의 성좌가 되는 것은, 다름 아닌 변증법적 이미지와 성좌의 상호작용에 대한 통찰이다. 즉 우리가 어떻게 성좌에 도달하는지에 대한 설명 그 자체가 바로 성좌의 '진리'인 것이다. 베수비오 산 분화구 가장자리에서 아도르노는 이제 막 진화하고 있는 자기 이론의 실례를 발견했다. 화산은 상상할 수 있는 가장 순수한 형태의 다공성, 즉 경계를 가진 하나의 구멍이다. 아도르노는 벤야민과 라시스가 통찰한 사회구조를 장엄한 자연경관으로 바꾸고, 그럼으로써 이 구조의 기원으로 돌아갔다. 이 화산에서 나온 용암이 식으면서 만들어진 다공질의 돌이 벤야민과 라시스의 나폴리 글에서 다공성 개념을 발견하는 출발점이 되었던 것처럼 말이다.

아도르노는 지옥처럼 보이는 원시적 풍경이 사실은 산산이 부서진 부르주아 문화의 잔해라는 것을 깨달음으로써, 자신의 자연사 개념을 설명해줄 수 있는 강력한 이미지를 얻었다. 베데커 안내서에는 "해발고도 1,100미터 이상의 이곳 지면은 다양한 형태의 굳은 용암과 화산재로 이루어져 있다"고 나온다.[19] 그 풍경에 대한 존-레텔의 묘사는 더 흥미롭다. "용암은 인간의 사지, 다양한 크기로 똬리를 틀고 있는 뱀, 악어, 그리고 터럭 하나 없이 매끄러운 몸체의 형태로 굳어져, 마치 지옥의 내장에 들어와 있는 것 같았다."[20] 여기서 존-레텔은 크라카우어가 클라벨의 탑을 묘사하면서 사용한 "내장"(Gekröse)이라는 단어를 되풀이하고 있다.[21]

그렇다면 그것은 무엇인가? 그게 전부인가? 아도르노는 정말로 이것이 슈베르트 음악의 진리라고 말하고 있는 것일까? 뭔가 악마적인 것들로 구성된 순수 형식적 메커니즘, 그리고 이러한 악마적

'지옥의 내장'처럼 굳은 베수비오 화산의 용암

요소에 맞서기 위해 준비했지만 오히려 그 요소가 더 부각되는 구조에 대한 아이디어를 말하려는 것일까? 우리는 아도르노에게 슈베르트 작품(아울러 알반 베르크의 작품)을 사회적이고 정치적으로 적절히 분석하게 해주는 비판적 도구를 기대할 수는 없는 것일까?

이러한 실망감은 아도르노의 독자라면 누구나 무의식적으로라도 겪게 되는 것이다. 독자들은 아도르노의 날카로운 분석에 자극을 받지만, 그 실제 결과는 결국 환각적이고 순환적인 텍스트의 전개에 불과하다는 생각에 부딪히게 된다. 그러나 이런 실망은 근거 없는 것이다. 아도르노는 사회 비판으로부터 후퇴한 적이 없다. 그는 오히려 그 안으로 파고 들어간다. 그의 모델은 특정 유형의 이데올로기를 설명하기보다는, 그런 이데올로기를 허락하는 조건을 먼저 탐색하기 위한 것이다. 변증법적 이미지는 이데올로기 분석을 위한 기본 매트릭스이며, 이데올로기는 세계의 상태에 대한 잘못된 해석에서 비롯된 것이다. 변증법적 이미지에 대한 판독은 이런 이데올로기가 어떻게 생겨났는지에 대한 진단을 가능하게 해주며, 성좌를 향해 나아가는 도상에서 벌어지는 이 이미지의 파괴는 적어도 이데올로기로부터 자유로운 사회를 전망할 수 있게 해준다.

아도르노는 작곡의 방법을 유토피아적 실천과 같은 것으로 보았고, 그것을 통해 미적 형식의 유물론을 발전시켰다. 바로 이것이 그의 텍스트가 자아내는 깊은 매력의 주된 원인이다. 성좌와 그 안에서 절정에 이르는 폭발의 얽힘, 끊임없는 순회와 긴장감 넘치는 서사의 얽힘은 아도르노의 텍스트가 지닌 강력한 암시성의 주요 특징이다.

예를 들어 슈베르트 평론은 먼저 심연의 둘레를 순회한 다음 지옥을 향해 내려간다. 그곳에서 벌어지는 "악마적인" 도플갱어(쌍둥이 자아)와의 만남—즉 "심연에 가라앉은 영혼"이 스스로를 "자연의 얽힘 속에 피할 수 없이 갇힌 존재"로 깨닫는 경험—은 주체의 악마성을 파괴하고, 글의 시작점이었던 분화구로 이끈다. 이러한 순환적 전개는 세 개의 절로 펼쳐지는데, 각 절은 저마다 심연을 원형으로 둘러싸고 있으며, 그 둘러싸는 행위 안에서 다시금 그러한 원을 어떻게 그릴 수 있게 되었는지 이야기한다. 아도르노는 여기서 헤겔이 말한 대체계(Großsystem) 개념—즉 원으로 이루어진 원, 원들이 모여 하나의 큰 원을 구성한다는 사상—을 따르고 있는 것이다.[22]

슈베르트 평론에서 분화구 주변을 도는 "작은" 산책들은 다양한 방식으로 극화된다. 세 번째 절에서 아도르노는 심연에 대한 가장 날카로운 묘사를 통해서 서술에 잠깐의 클라이맥스를 도입하고, 구원의 전망으로 글의 진짜 결론을 제시하지만, 이미 첫 번째 절에서부터 화산 이미지의 단순한 소개를 넘어서 그 폭발적 특징을 강조한다. 즉 슈베르트에 대한 낭만주의자들의 잘못된 수용이 "[슈베르트 음악에서] 분출하고 있는 주체성을 빈 여백처럼 만들었다"는 것이다.[23]

〈보체크〉 평론의 중간 절이 그렇듯이, 슈베르트 평론의 두 번째 절[24]—중간의 원—도 글 전체의 원이 에워싸고 있는 중심에 더 가까이 다가서 있다. 그림엽서의 풍경이 악마적인 도플갱어와의 만남을 통해 파괴된 이후, 분석 대상의 구조는 하나의 계획적인 구조로 바뀐다. 앞서 인용했듯이 슈베르트의 음악은 이제 "모든 점이 중심에 똑같이 가까운 풍경의 기이한 구조물"로 언급된다.[25] 그리고 〈보체크〉 평론에서처럼 중간 원에서는 음악적 소재에 대한 분석이 중심적 위치를 점한다. 아도르노는 이처럼 정교한 조율을 통해 자신의 순환적 고찰을 전개해 가는데, 글의 서두에서 베토벤과 슈베르트가 각기 다른 죽음의 방식으로 보여준 '표현적 주체'와 '수동적 주체'의 대립을 슈베르트 음악의 형식 자체로 이전시키고, 이를 통해 그 음악의 가장 특징적인 면모를 이끌어낸다. 슈베르트에게도 전체성을 추구하는 "열렬한 손길"과 "순수한 형식적 내재성에 대한 추상적 의지"[26]가 존재하며, "창작력이 주체로부터 나온 구성적 힘으로서 [형식적 객체들에] 관철되고 있다"는 것이다. 하지만 동시에 이러한 형식적 객체들―예컨대 소나타 형식 같은 것―은 균열을 겪게 된다. 그것들은 구멍이 뚫려 "주관적 의도들의 구조 속으로" 들어가며, 따라서 이러한 중간 성좌에서도 "주체의 주장"이 붕괴되고 주체의 영감이 폭발적으로 파괴됨으로써 성좌의 형식이 구현된다는 것이다.

  아도르노가 나폴리 방문 후에 베르크에게 말한 문체적 이상의 발전이란 바로 이러한 것이었다. 즉 성좌의 등가성과 동시성을 추구하면서도, 이러한 동시성이 어떻게 생겨났는지에 대한 극적인 이야기를 함께 들려주는 것이었다.

12
파시즘은 어디에서 기원하는가

    1925년 9월, 네 명의 독서광들이 나폴리 여기저기에서 만났다. 그들은 모두 자신들을 둘러싸고 있는 주위의 표상을 이용해서 세계를 분석하고 어떻게 하면 더 나은 세상을 만들 수 있을 것인가를 탐구하고 있었다. 크라카우어와 아도르노는 포시타노의 악마, 소렌토의 상감세공, 낯설고 기이한 해양생물체들에 대해서 썼다. 이것들은 키르케고르적인 것, 다시 말해 개인적 내면성의 이미지라 할 수 있는데, 두 사람은 이를 통해서 새로운 공동체적 활기의 매혹적 개념과 존-레텔이 마르크스로부터 재구성하려고 한 다공적 얽힘, 그리고 벤야민이 아샤 라시스로부터 배운 공산주의적 미래에 대한 가르침에 맞서고자 했다. 그들은 서로 입씨름을 벌이며, 한쪽은 선동적인 어조를 구사했고, 다른 한쪽은 상대적으로 젊은 나이를 만회하기 위해 일부러 뻔뻔스러운 척했다.
    네 명의 젊은 지식인들이 다정한 적수의 입장에서 사회학적, 문학적, 인식론적 이상의 발전을 절정에까지 끌어올리는 철학적 전투를 치르는 동안, 그들 외부에서는 전혀 철학적이지 않은 또 다른 전투가 오래 전부터 준비되고 있었다. 1924년 9월, 벤야민은 무솔리니에 대해 이렇게 썼다. "그는 이탈리아 그림엽서에서 우리가 흔히 볼 수 있는 가슴 두근거리는 인물로는 전혀 보이지 않는다. 오히려 음흉하고, 변덕스럽고, 거만하며, 마치 찌든 기름을 몸에 잔뜩 바른 것처럼 보인다. 그의 몸은 뚱뚱한 행상꾼의 주먹처럼 거칠고 형체가 없다."[1]

1922년 나폴리에서 무솔리니는 스스로 총리직을 맡겠다는 의사를 공공연히 밝혔으며, 곧이어 감행한 '로마 진군'을 통해 목표를 달성했다. 벤야민이 무솔리니에게서 받은 인상을 기록하던 시점까지만 해도 무솔리니는 모종의 정치적 목적을 띤 살인에 가담한 일이 드러나서 아직 권력을 잡지 못한 상태였다. 그러나 네 명의 비판이론가들이 한 자리에 모인 그 이듬해에 무솔리니는 전권을 장악했다. 유럽의 파시즘이 승리의 행진을 시작했다.

크라카우어는 네 명의 비판이론가 중 유일하게 파시즘의 위협을 자신의 글에서 피력한 사람이었다. 크라카우어의 「포시타노의 바위 투성이 환상」에서 길버트 클라벨은 물의 요정으로부터 빈 공간을 빼앗는 혁명가로 잠깐 등장하기도 하지만, 글 전체는 그의 악마적 성격에 초점을 맞추고 있었다. 크라카우어와 아도르노가 방문했을 때, 그는 17년 동안 발파를 이어가고 있었고, 언제 끝이 날지도 기약이 없는 상태였다.

클라벨은 나폴리의 건축과 함께 비판적 이론가들에게 완벽한 연구 주제를 제공해주었는데, 특히 크라카우어에게 클라벨과 그의 프로젝트는 다양하고 풍부한 해석을 안겨준 주제였다. 건축을 공부한 크라카우어가 아말피 해안의 기묘한 건설 프로젝트에 큰 흥미를 느낀 것은 우연이 아니었다. 또한 주택 건축과 그 안의 삶은 비판이론가들의 텍스트에서 핵심적인 메타포가 되었다. 나폴리의 다공성은 건설과 건축에서 발견된 것이다. 아도르노와 동료 비판이론가들이 나폴리에 대해 쓴 텍스트 대부분은 북유럽의 익숙한 생활환경과 혼란스러운 남부 사이의 주요 대비점으로 가정생활 방식에 초점을 맞추고 있다. 존-레텔의 「망가진 것의 이념」은 항상 열려 있는 나폴리 주택의 문에 대한 묘사로 시작한다. 나폴리 집들에서 문은 늘 열려 있기에 문의 손잡이는 의미가 없는 신비한 물건이었다. 외풍이 불어서 문이 닫히게 되면 사람들은 "공포에 질려 비명을 지르고 온몸을 떨면서" 서둘러 문을 다시 열었다. "문 닫힌 나폴리는 지붕 없는 베를린과도 같다."[2] 벤야민과 라시스는 "음울한 상자 같은 북유럽 주택"은 나폴리 사람들에게는 완전히 낯선 것이라고 지적했다. "모든 사적 태도나 행위는 공동체적 삶의 리듬에 흡수되어 있다. 북유럽인에게는 가장 개인적인 영역으로 존재하는 것이 여기서는 남아프리카의 원주민 마을에서처럼 집단의 문제가 된다. 따라서 주택은 사람들이 숨는 피난처가 아니라 그들이 쏟아져 나오는 마르지 않는 저수지와 같은 곳이다." 가정생활이라는 관념 자체가 다공적인 상호침투라는 포괄적인 과정에 종속되어 있다. "여기에도 낮과 밤, 소음과 평화, 외부의 빛과 내부의 어둠, 길거리와 집 사이의 상호침투가 있다." 블로흐는 "모든 거주지가 바깥과 연결되어 있으며, 마치

사적인 내면과 공적 영역이 결합되어 있는 것처럼 보인다"[3]고 썼다.

사적 공간으로 관심이 옮겨간 비판이론가의 과제는 이제 개인 거주지와 공적 공간의 대비를 무너뜨리고, 이러한 나폴리식 해체를 자신들이 속한 생활공간으로 가져와서 "음울한 상자 같은 북유럽 주택"을 해체하는 것이었다. 벤야민은 『일방통행로』에서 그 방법을 보여주었는데, 그것은 루카치적 납골당을 현란한 부르주아적 실내로 들여오는 방법이었다. 그가 보기에 "실내 디자인의 영혼 없는 호사스러움은 시체가 있을 때에만 참된 편안함을 제공한다." "1860년대에서 1890년대까지의 부르주아식 인테리어는 조각물을 덧댄 거대한 천장, 야자수가 놓인 햇볕 들지 않은 공간, 난간 뒤에 닫힌 발코니, 수선스러운 가스등이 있는 긴 복도 등 건물을 시체에게나 어울리는 곳으로 만들어놓았다. '이 소파에서 이모는 살해당하지 않을 수 없었다.'"[4]

그러나 크라카우어가 보기에는 클라벨의 건축 프로젝트 역시 죽음의 전조일 수밖에 없었을 것이다. 크라카우어는 이 프로젝트에 참여한 어느 프로이센 건축가의 얼굴이 폭파 작업을 거치면서 점점 나폴리 사람을 닮아갔고, 결국 그는 여기서 죽을 수밖에 없다고 썼다. "여기서는 사람들도 똑같이 폭발한다. 왜냐하면 끝이 보이지 않기 때문이다."[5] 크라카우어의 이런 염세적 표현은 악마와 같은 바닷물과 싸우는 클라벨을 염두에 둔 것이었다. 그가 보기에 클라벨은 자연과 싸우면서 자신을 악마로 만들었다. "클라벨은 [자연으로부터] 자유롭다고 생각할지 모르지만, 결국 자연은 그를 압도할 것이다."[6]

클라벨의 건축 프로젝트에 참여한 프로이센 건축가 한스 리츠(중앙)

클라벨은 자신의 병고와 거친 자연으로부터 매혹적인 인생 프로젝트를 이끌어낸 영웅으로 묘사되기도 하지만, 대부분의 사람들은 그를 매우 가혹한 시선으로 바라보았다. 영국 출신의 카프리 애호가인 노먼 더글러스는 클라벨을 "강압적이고 공격적인 태도, 병든 얼굴, 끔찍하고 거친 목소리를 가진 기형적인 스위스 청년"[7]으로 묘사했다. 클라벨은 외모 때문에 이 세상에 어울리지 않는 기이한 생명체로 취급받곤 했다. 어느 부고기사에 따르면 "이탈리아인들은 … 그를 '빨간 악마'로 부르면서 악령처럼 대했고, 그를 마법사처럼 두려워했으며, 한편으로는 행운을 가져다주는 존재로 그를 사랑했다. 사람들은 그의 시신을 몰래 만지기도 했다."[8]

클라벨은 분명히 자신의 이미지를 이용해서 작업했다. 그는 자신

공사 현장의 길버트 클라벨

의 이미지를 탑 건립 장소를 둘러싼 논쟁에서 협박 전략의 하나로 활용했다. 그의 많은 육체적 결함 중에는 고환이 하나뿐인 것도 포함되는데, 그는 어머니가 별도의 보존용기에 고환 하나를 보존하고 있다고 주장했다.[9] 그는 이 결점까지도 자기 투사적인 건축 프로젝트에 이용했다. 콘서트 장으로 활용하기 위해 바위를 발파해서 만든 석굴에 대해서는 "나는 자연이 나에게서 빼앗아간 가장 중요한 것을 아무도 모르게 그 원래 형태대로 돌에 새겼다"[10]고 주장했다.

크라카우어는 탑이 세워지는 방식에서 클라벨의 악마적 본성을 유추했다. 그는 이렇게 주장한다. "나로서는 꾸밈이 없고 투명한 건축을 기대했지만, 바우하우스의 그것과는 겉보기에만 닮았을 뿐이다. 형태 뒤에 분노가 도사리고 있고, 광적으로 허공을 찌르고 있다. 침대는 움직이고, 마치 동화에 나오는 것과 비슷해서 소름이 끼친다. 도서관의 서가는 빙글빙글 돌고, 현대적 복장의 안내 직원은 마치 사탄처럼 튀어나올 기세로 작은 부스에 갇혀 있다."[11] 클라벨 자신도 아마 이런 해석에 동의했을 것이다. 그는 자신을 계몽주의자가 아닌 세속적 건축가로 간주했기 때문이다. 동향 출신의 인류학자 요한 야콥 바흐오펜(Johann Jakob Bachofen)의 이론에 뒤늦게 주목한 클라벨은 바흐오펜의 신화적인 모권제 사회 이론을 즉각 받아들이고, 자신의 탑을 "지하 신들*의 건축"이라고 불렀다.[12] 그러나 크라카우어에게 클라벨의 기이한 외모는 표면적인 문제에 불과했으며, 그가 머문 공포의 방도 단순한 징후에 지나지 않았다. 그의 악

---

* 신화에서 헤스티아, 에리니에스 등 여성을 보호하는 신들은 보통 부엌 바닥의 아궁이에서 나온다.

마적 본성은 다른 데서 비롯된 것이었다. 클라벨은 모든 척도 감각을 잃어버렸기 때문에 악마가 되었다. 괴물 같은 해면체와 대비되는 다공적 요소를 가진 것으로 생각된 빈 공간은 그 자체로 괴물 같고 다루기 힘들고 비합리적인 구조로 이루어져 있었다. "이런 광맥의 지형을 감당할 수 있는 사람은 아무도 없을 것이다. 두 시간 동안 기어 다녔지만 이 구멍의 절반에도 이르지 못한 것 같았다, … 회전형 계단은 그 길이를 측량할 수 없었으며, 마치 뱀 모양으로 감긴 내장처럼 방과 연결되어 있었다."[13]

건축평론지 『베를린 일루스트리르테』는 안내자가 없으면 이런 "미로 같은 복도"에서 빠져 나오는 길을 찾을 수 없을 것이라고 지적했다.[14] 크라카우어는 나폴리의 수족관에서 다공성, 관형 시스템, 기하학적 패턴에 매료되었으며, 이것은 클라벨 탑의 미로와 대비되었다. 아도르노에게는 강력한 무기였던 다공성은 크라카우어에게는 악마적 요소가 되었다.

이러한 전환 과정을 통해서 클라벨은 훗날 비판이론이 제시한 중요한 주장의 원형이 되었다. 즉 파시즘은 악마적 야만인들에 의해 촉발된 역사의 우연이 아니라, 계몽주의가 광란으로 치달은 결과라는 것이다. 그러나 이러한 전환을 설명할 이론적 토대가 있었을까?

아도르노와 크라카우어, 존-레텔과 그의 러시아인 동료, 벤야민과 라시스가 그러했듯이, 또 다른 두 사람의 친구가 서로의 열정을 자극하며 지적 교분을 이어가고 있었다. 막스 호르크하이머와 프리드리히 폴록이 그들이다. 프랑크푸르트에서 15세와 16세의 나이로

미로 속의 클라벨, 포르투나토 데페로의 그림(1918)

서로를 만난 직후부터 호르크하이머는 폴록을 가족으로부터 자신을 벗어나게 해줄 공모자로 여겼다. 그들도 역시 그들만의 카프리를 가지고 있었다. 아직 가보지는 못했지만, 이 '행복의 섬'(ile heureuse)은 그들의 갈망의 중심에 있었다. 비판이론과 관계있는 열성적 독서그룹 중에서 호르크하이머와 폴록의 관계만큼 안정적인 경우는 없었다. 두 사람은 일찍이 우정의 서약을 맺고 "모든 사람들의 연대를 창조하기 위한"¹⁵ 모델이자 토대가 되기로 했는데, 이 서약은 가끔씩 재확인 과정을 거치면서 폴록이 죽을 때까지 그들을 하나로 묶어주었다.

1994년 롤프 비거스하우스는 폴록에 대한 글에서 그를 프랑크프르트학파의 "마지막 미지의 인물"로 묘사한 바 있다. 폴록은 아도르노, 호르크하이머, 마르쿠제, 프롬, 심지어 상대적으로 덜 알려졌던 뢰벤탈에 비해서도 여전히 "숨어있는 인물"[16]의 역할에 머물러 있었다. 그는 아도르노가 로스앤젤레스에 머물 무렵 아도르노가 호르크하이머의 이론적 동료의 역할을 맡게 된 것에 대해 아무런 유감 없이 찬성한다고 표명했다. "자네의 직접적인 지도하에서만 [아도르노의] 잠재력이 우리 작업에 결실을 맺게 할 수 있을 걸세"[17]라고 그는 썼다.

그러나 비판이론에 대한 폴록의 기여는 지금은 많이 인정되고 있는 편이다.[18] 아도르노는 음악, 뢰벤탈은 문학, 호르크하이머는 이론 자체의 재구성, 그리고 폴록은 경제에 관심을 두고 있었다. 프랑크푸르트 사회연구소 공식저널인 『사회 연구지』(*Zeitschrift für Sozialforshung*)의 1932년 창간호에 실린 폴록의 논문 「자본주의의 현 단계와 계획경제의 재구성 전망」은 호르크하이머의 표제 권두언을 그대로 따른 것이었다. 당시에는 자본주의적 경제 질서를 넘어설 수 있는 비전을 갖는 게 여전히 가능했다. 폴록은 독점화 경향이 어떻게 사회주의적 계획경제로 이행해가는 과정의 한 단계가 될 수 있는지를 탐구하면서, 이것이 불가능하다는 시장 친화적 주장에 반대했다.

그러나 파시즘의 성립과 강제 이주로 인해 이러한 낙관주의는 더 이상 유지될 수 없게 되었다. 대신 새로운 통치자들이 계획경제로 가는 길을 전유해서 자신들의 목적 달성에 이용하는 데 성공하고 있는 것처럼 보였다. 만프레트 강글이 지적했듯이, 폴록은 이러한 발전에 대해 "자본주의의 독점화 단계는 유통 영역의 청산과 계획을 통해 위기를 통제할 수 있는 고유의 역량을 증가시킨다"는 이론을 제시했다.[19]

새로운 독점 경제 체제는 더 이상 자유주의적 자본주의의 지속적인 강화가 아니며, 따라서 아무리 재앙적일지라도 그 붕괴로 접어드는 새로운 단계가 아니다. 오히려 폴록은 그것을 자본주의의 자기 파괴적 경향에 대한 모든 희망을 짓밟는 쿠데타와 같은 것으로 가정했다. "처음에는 사회주의의 약속을 담고 있는 듯했던 계획경제와 국가 개입주의는 그 역할을 바꾸어서 결국 원래의 희망과는 정반대의 결과를 낳았다"고 비거스하우스는 썼다.[20]

폴록이 그의 연구에서 사용한 도식과, 정치적 평가보다 경제 분석을 우선시하는 태도는 연구소 내에서 많은 오해와 격렬한 논쟁을 불러일으켰다. 1941년 『사회 연구지』에 표제로 실릴 "국가자본주의"라는 논제를 준비하면서, 아도르노는 호르크하이머에게 폴록의 비변증법적 접근 방식에 대해 불평을 늘어놓았다.[21] 왜냐하면 폴록이 이 주제에 대한 기고문에서 계획경제가 자본주의를 대체하지 않고 오히려 지배자들에 의해 자본주의를 안정시키는 데 이용될 때 어떤 일이 일어나지는 설명하고 있었기 때문이다. 사회는 더 이상 경제 세력들의 상호작용에 의해 형성되지 않으며, 경제의 우선성은 정치의 우선성으로 대체되고 있다는 얘기였다. 자유주의적 자본주의에서 사회적 행위자들의 다양한 상호관계를 통해 암묵적으로 확립되었던 권력 구조가 이제는 관료제와 행정기구를 갖춘 통치 체제에 의해 노골적으로 표현되고 직접적으로 강화되고 있었다.

아도르노와 호르크하이머는 처음에는 이러한 진단을 달가워하지 않았는데, 이러한 진단이 내부모순으로 인해 일어날 혁명적 운동에 대한 희망을 파괴하기 때문이었다.[22] 하지만 이 진단이 그들이 『계몽의 변증법』을 저술하는 데 도움이 될 새로운 기초를 제공해준 것도 사실이다. "엄밀한 의미에서 '비판이론'은 바로 여기서 시작되었다"[23]는 강글의 주장은 매우 정확하다.

그럼에도 불구하고 아도르노는 이미 1936년에 아직 논증 단계에 있었던 이 진단을 자신의 성좌 구조에 통합했다. 당시까지만 해도 그것은 마르크스적인 자본주의 붕괴 이론을 특이하게 변형시킨 것에 불과했다. 부르주아 주체들이 생산력을 주입의 과정에 가두지 않았다면, 생산력은 인간적인 상태로 나아갔을 것이다. 그러나 바로 이러한 주입으로 인해 그 자신의 악마와 조우하는 일이 일어나고, 이로 인해 주입의 주체는 파괴되고 만다. 그리고 이러한 파괴를 통해 성좌는 비록 축소된 형태로나마, 아도르노가 인간적 상태에 대한 희망으로 세속화했던 메시아적 요소를 보존한다.

그러나 만일 이 변화가 정반대로 나아간다면, 즉 폴록의 진단처럼 자유주의 시대의 종말이 그것의 필연적 붕괴로 나타나는 게 아니라 독점자본주의에 의한 찬탈로 매듭지어진다면 어떻게 될까? 아도르노는 나중에 『미니마 모랄리아』에서 이러한 예상치 못한 전개가 독일의 통화 안정,[24] 즉 1923년의 새로운 마르크 제도 도입과 함께 시작되었다고 말한다. 아도르노에 따르면, 이러한 전개는 붕괴 이론이 예견한, 자본주의 체제를 붕괴시킬 수 있는 혼란을 종식시키고 말았다. 이러한 평가는 존-레텔이 인플레이션의 마지막 몇 년간을 분석한 내용과도 일치하는데, 그는 당시의 혼란이 어떠했는지를 뚜렷하게 설명하고 있다. "이 인플레이션의 마지막 단계에서 세계가 어떻게 보였는지, 일상생활이 어떠했는지는 상상할 수 없는 정도다. 시민 생활과 범죄 사이에는 아무런 경계도 없었고, 이 도시는 투기의 들판이 되었다. 아무것도 정상적으로 진행되지 않았다. 나는 나중에 나폴리에서 이것을 다시 한 번 경험했다."[25]

아도르노는 이런 나폴리적 혼란의 종식, 즉 혼란스러운 자유주의 시대의 소멸에 대한 대담한 결론을 제시한다. 즉 성좌 모델이 무효화된 것이 아니라 독점자본주의에 의해 찬탈되었다는 것이다. 그리고 이러한 찬탈 과정의 설명에서도 성좌 모델은 사회 진단의 도구로서 여전히 유용성을 유지한다. 이러한 이론적 전환이 잘 발휘된 최초의 글은 그의 가장 악명 높은 에세이인 「재즈에 관하여」일 것이다. 이 에세이에서 아도르노는 재즈 음악을 너무 가혹하게 비판한 나머지, 크라카우어마저도 그에게 비판의 수준을 낮추라고 요청할 정도였다. 독일의 파시스트들이 재즈를 금지했음에도 불구하고, 아도르노가 오히려 재즈의 파시스트적 속성을 설명하기 위해 기울였던 수사학적 노력은 이 글을 조롱과 경각심을 동시에 불러일으키기 좋은 대상으로 만들었다. 금욕주의자 칸트가 결혼에 대해 내린 정의("결혼은 서로의 성적 속성을 평생 소유하기 위해 서로 다른 성별을 가진 두 사람이 결합하는 것이다.")[26]와 엘리트주의적인 12음계* 전문가인 아도르노의 재즈 비판은 지금까지도 돈키호테식 철학의 가장 노골적인 사례에서 최상위를 차지하고 있다.[27] 그러나 아도르노 글에 대한 비난이 얼마나 근거 있는가와 관계없이, 다음 장에서는 아도르노 이론의 새로운 시대가 어떻게 형성되어 갔는지를 보여주고자 한다. 재즈 에세이에서 아도르노는 성좌의 구조가 도용되었음을 설명하는 작업에 처음 착수한다.

* 아도르노가 따랐던 쇤베르크와 알반 베르크의 12음 기법을 말한다. 기존의 화성법과 달리 12개 음계(tone)에 화성상의 동등한 지위를 부여함으로써 무조(無調, atonal) 음악을 만드는 기법이다.

13
망가진 것들의 보물창고

    티베리우스 황제는 카프리의 수호신과 같은 존재다. 벤야민은 이 섬을 떠날 수 없는 자신의 무능력을 변명하기 위해 그의 이름을 소환한다. 사비니오의 여행기는 여기저기 널려 있는 티베리우스의 흔적을 좇아간 그의 긴 여정을 기록하고 있다. 그러나 티베리우스는 적대적이고 편협한 역사가들에 의해 폄하되기도 했다. 티베리우스는 어린 소년들을 상대로 한 그의 변태적인 성 취향을 마음껏 만족시키기 위해 카프리에 왔다는 의심을 받았다. 이 억제되지 않는 성의 이미지는 '푸른 동굴'이 발견되었을 당시의 반응을 바로 떠올리게 한다. 독일 역사가 그레고로비우스는 이 장소를 가리켜 "끔찍하고 방탕한 티베리우스의 섬"[1]이라고 묘사했다.

    자유분방한 보헤미안과 예술가를 자처하는 사람들의 비순응주의는 성적인 차원에서도 발현되었다. 답답한 집과 고향으로부터의 탈출은 동성애가 설 자리가 없는 전통적인 성 관념으로부터의 탈출이

아말피 해변의 젊은 어부

기도 했다. 시작은 19세기 초에 활동한 독일 시인이자 극작가 아우구스트 폰 플라텐이 나폴리 어부의 원시적인 남성성을 동성애적 성향과 결부시키면서부터였다. 새로 발견된 동굴에서 수영할 때, 소년이 동전을 찾아 다이빙하는 관습은 이 이미지와 잘 어울렸다. "천상의 은빛 푸른 물에 반사된 발가벗은 젊은이의 매혹적인 몸매의 윤곽은 수 세대 동안 푸른 동굴이 지닌 매력 중의 하나였다."[2] 별장의 담 안에서 벌어지는 자유롭고 변태적인 성에 대한 환상은 티베리우스 시대 때부터 사람들을 카프리로 끌어들였다. 최근의 여행안내서는 1820년에서 1930년까지 이어진 카프리의 "야만의 시기"를 분노에 찬 어조로 기술하고 있다. "그리고 그것에 매료된 사람들은 종종 카프리를 편협한 부르주아적 도덕과 자기 나라의 사회적 통제로부터 벗어날 수 있는 피난처로 간주했으며, 자신들은 그것을 즐기면서도 카프리 사람들에 대한 존중은 거의 보여주지 않았다."[3] 안내서는 이어서 이런 경향에 기여한 유력한 혐의자들을 나열하고 있는데, 그 가운데 자크 폰 다델스와르-페르센 남작은 고대 설화를 바탕으로 젊은이들이 등장하는 타블로 비방(tableaux vivants)*을 무대에 올리는 바람에 심각한 후유증(자살 시도와 외인부대 입대 등)에 시달리다가 다시 재기하기 위해 카프리로 온 인물이었다.[4] 프리드리히 알프레트 크루프는 1902년에 죽었는데 그가 카프리에서 동성애와 소아성애 행위를 했다는 이유로 기소된 적이 있기 때문에 자살일 가능성도 있었다.[5]

그러나 이런 자유분방하고 일탈적인 성 취향은 아우구스트 코피쉬와 폰 플라텐의 발자취를 따르던 사람들만이 수입해온 것은 아니었다. 북유럽에서 온 사람들은 늘 나폴리 사람들의 무절제한 성욕을 탓하며 나폴리를 죄악의 소굴로 묘사했다. 그레고로비우스가 나폴리에 체류하면서 경험한 다양한 매력 가운데에는 "유황수 한 잔에 현혹되어 아주 불길하게 사랑스런 모험"을 떠나는 "방탕한 소녀들"이 있었다.[6] 1834년, 나폴리와 그 인근에 체류했던 동화작가 안데르센은 자신의 일기에 다음과 같이 털어놓았다. "내 피가 강하게 움직이고 있다. 엄청난 관능미 앞에서의 나 자신과의 투쟁, 이 강렬한 정욕을 만족시키는 것이 정말 죄라면 나는 그것에 맞서 싸울 것이다. 나는 아직 결백하지만, 내 피는 타오르고 있다. 내 모든 내장이 끓어오른다."[7] 1851년, 귀스타브 플로베르는 억제할 수 없는 자

---

* 프랑스어로 '살아있는 그림'의 뜻으로, 배우들이 무대에서 정지된 자세로 마치 그림이나 조각과 같은 장면을 연출하는 무언극 형식을 말한다.

신의 성욕을 베수비오 산 탓으로 돌렸다. "이곳 부드러운 파르테노페(Partenope)*에서 나는 항상 발기된 상태로 지낸다. 나는 고삐 풀린 망아지처럼 성교를 한다. 바지만 스쳐도 발기가 된다. 언젠가 나는 나를 신사로 여기는 빨래하는 여인을 푹 찌르기 위해 몸을 낮추어 접근할지도 모른다. 내 허리가 이렇게 아픈 것은 가까이에 있는 베수비오 산 탓일 것이다."[8] 의사 악셀 문테는 나폴리에 만연한 성적 충동의 분위기를 죽음의 횡포에서 비롯된 결과라고 보았다. 그는 1884년에 유행한 콜레라를 회상하면서 다음과 같이 썼다.

> 이 균형이 전염병, 지진, 또는 전쟁 등과 같은 우연한 원인에 의해 깨질 때마다 지치지 않는 자연은 즉시 균형을 찾기 위해 활동을 시작하고, 쓰러진 존재의 공백을 메울 새로운 존재를 불러내기 시작한다. 자연의 법칙의 거부할 수 없는 힘에 이끌린 남자와 여자들은 한 손에는 최음제를, 다른 한 손에는 마약을 들고, 그들의 짝짓기를 관장하는 것이 결국은 죽음이라는 사실을 깨닫지 못한 채 욕망에 눈이 멀어 서로의 팔에 안긴다.[9]

라시스와 벤야민의 나폴리 글은 사제의 부도덕한 범죄(초고에는 '남색'이라고 쓰여 있다)로 시작해서 에로틱한 위험에 대한 짧은 힌트로 절정에 이른다.[10] 나폴리 사람들이 말하면서 사용하는 손동작과

---

* 나폴리의 옛 이름. 그리스 신화에 나오는 세이렌 중 한 명의 이름에서 왔다. 14장 160쪽 참고. 한편 '나폴리'는 그리스 이름 네아폴리스(Neapolis)에서 온 것으로 '새 도시'(New Polis)라는 뜻이다.

이 과정에서 그들이 손가락을 통해 신체를 어떻게 끌어들이는지에 주목하면서, "이러한 모습은 세심하게 특화된 에로티시즘으로 귀착된다"고 말한다.[11]

성은 아도르노가 쓴 재즈 에세이의 주제이기도 했다. 성은 주제일 뿐만 아니라 재즈의 "진리"로 귀착되며, 그 글이 말하고자 하는 성좌의 결과여야 했다. 모든 것은 성의 신체적 경험, 즉 아도르노가 쓴 것처럼 "구체적이고 역사적으로 결정된 사회적 정체성과 성적 에너지의 성좌"로 귀결되어야 마땅하다.[12] 그러나 이전 글과 달리 성좌의 구축은 이번에는 실패로 돌아간다. 왜 그랬을까?

아도르노는 자신의 분석 대상인 재즈를 이렇게 정의한다. 재즈는 변증법적 이미지의 작동이 정지된 상태, 특정한 소리로만 집중된 형태라는 것이다. 재즈의 소리는 특정한 작곡 방식이나 악기에 고정된 것이 아니라 그 기능을 통해 정의되는데, "굳어버린 것을 진동하게(vibrate) 만드는 가능성, 또는 더 일반적으로는 굳은 것과 터져 나오는 것 사이에 간섭을 만들어내는 가능성"[13]이다. 이 말이 의미하는 바는 분명하다. 여기서 '굳은 것'은 사회이고, '진동하거나 터져 나오는 것'은 그 사회에 저항하거나 탈출하고자 하는 주체이다. 아도르노의 초기 사유에서 주체는 굳어버린 대상에 자신의 의미를 주입하고, 그것을 통해 제2의 본성처럼 보이는 것을 형성하는 역할을 했다. 즉 주체의 행위가 세상을 변형시키는 데 기여했던 것이다. 그러나 이제 의미를 주입하는 주체는 이미 존재하는 제2의 본성 곧 사회 그 자체이다. 모든 것은 굳어 있으며, 주체는 단지 겉으로만 진동하는 듯 보이는 것을 만드는 데 이용되는 도구가 된다. 과거에는 주체의 의미 주입이 하나의 과정으로 작동했고, 그 과정은 결국 주체 자신보다 더 큰 것으로 나아갔다. 그러나 이제 그러한 주입 과정은 사회에 의해 조작된 속임수일 뿐이며, 진정한 사유의 구성인 성좌로 나아가는 과정은 더 이상 일어나지 않는다. 따라서 아도르노는 이렇게 말한다. 재즈의 비브라토는 "단지 굳은 음에 주입된 것이며, 싱커페이션(syncopation)* 역시 기본 박자에 삽입된 것에 불과하다."[14]

이 비브라토(진동)는 재즈의 가능한 모든 측면마다 반복적으로 나타나지만. 그 각각의 악절들은 항상 같은 원리에 따라 전개된다. 겉보기에 '진동하는' 듯한 요소, 즉 사회적으로 진보적이고 유토피아적인 요소가 실제로는 매 단계마다 단순히 '덧입혀진 것'에 불과하다는 사실이 드러나는 것이다. 글의 도입부 바로 다음 단락에서는 재즈가 가진 즉각적인 실용성이 언급된다. 하지만 비브라토의 원리에 따르면, 이 실용성 역시 "그것이 얼마나 단순한 것인지를 속이기 위해 장식을 붙인 것에 지나지 않으며, 재즈가 얼마나 단순한 사물성에 불과한지를 감추기 위한 속임수일 뿐"[15]이라고 아도르노는 말한다. 따라서 아도르노는 재즈가 본질적으로 민주적인 음악 형식이라는 인상도 착각에 불과하다고 본다. "그 즉흥성의 태도는 고정된 속임수의 체계로 정의될 수 있으며, 계급 간의 차이를 가리는 수단으로 작동한다."[16] 마찬가지로 재즈가 대중적 지지에 의해 선택된 음악—즉 대중이 직접 선택하고 향유하는 음악—이라는 검

---

* 재즈에서 다음 마디의 첫 음을 미리 끌어와 연주함으로써 센박과 여린박의 순서를 뒤바꾸고 정상적인 박자에서 이탈하여 리듬감을 주는 기법. '당김음'이라고 번역한다.

증되지 않은 생각 역시 "단순히 예의를 차린 말에 불과하며, 실제로 사람들이 따라 부르는 것은 가장 쉽게 이해되고 리듬 상으로 단조로운 멜로디뿐"[17]이라고 지적한다.

재즈곡의 성공이나 실패에 딱히 합리적인 이유가 없다는 사실은, 사람들로 하여금 체계의 영향력이 어떤 식으로든 여기에 미치지 않는다는 희망을 갖게 해준다. 그러나 아도르노에 따르면, 이러한 비합리성은 단지 체계 자체가 본래부터 지닌 파괴적 비합리성일 뿐이다. 그리고 이러한 혼란을 마치 창조적인 것처럼 꾸미는 데 동원되는 용어들—예컨대 "영감, 천재적 감각, 독창성 등등"[18]—은 단지 "타락한 마법적 주문"에 불과하며, 이 역시 비브라토의 도구로 이용될 뿐이라고 한다. 이어지는 두 단락에서 아도르노는 이 비브라토의 기원이 어디에 있는지를 보여준다. 한편으로 재즈의 독창성이라 부르는 것은 사실은 현대의 억압을 위장하기 위한 것이며,[19] 다른 한편으로는 시장의 원리 즉 "항상 똑같은 것임에도 불구하고 동시에 늘 새로운 것처럼 꾸미는"[20] 원리에 지나지 않는다는 것이다. 두 경우 모두에서 우리는 역사의 변증법적 이미지가 작동하는 것을 볼 수 있는데, '항상 같은 것'에 마치 새로운 것처럼 보이는 무엇인가가 덧씌워지고, 그럼으로써 그 '새로운 것'은 거꾸로 이미 지나간 것의 가면을 쓴다는 점에서 그러하다.

그러나 아마도 재즈의 사회적 혁신성은 작곡 그 자체가 그다지 중요하지 않고 오히려 편곡자나 연주자의 기교에서 그 미학적 효과가 '재생산'된다는 사실에 있을 것이다. 마치 나폴리 사람들이 한때 대상의 원래 용도를 무시하고 그들의 성좌를 위해 그 대상을 엉

뚱하게 이용했던 것처럼 말이다. 하지만 아도르노는 여기서도 역시 작동을 멈춘 변증법적 이미지의 메커니즘이 발견된다고 주장한다. "자극과 기교, 새로운 색채와 새로운 리듬이 진부하게 주입될 뿐이다. 마치 비브라토가 딱딱한 음조에 삽입되고, 싱커페이션이 기본 박자에 삽입되는 것처럼 말이다. 사실 재즈의 이런 간섭 방식은 작곡에 대한 편곡의 성취이다."[21] 그렇다면 이런 노동 분업은 미적 생산 과정의 미래를 보여주는 모범적 사례가 될 수도 있지 않을까? 아도르노는 전혀 그렇지 않다고 주장한다. 왜냐하면 이것 역시 "모호한 아방가르드적 특성과 시대를 앞선 것처럼 보이는 낭만주의로 포장되어 있기 때문이다."[22]

재즈 산업은 아마추어들을 끌어들임으로써 아무것도 모르는 청중들을 생산 과정에 참여시키고, 그들의 순진한 아마추어리즘을 제거하기 위해 후속 생산 단계에서는 전문가들을 호출한다. 바로 이런 과정이 진일보한 분업 시스템처럼 위장되고 있다는 것이다. 글의 다음 단락에서는 "객관적 형식 구조에 대한 주관적 대응"[23]에 이 아마추어리즘의 본질이 있으며, 그것이 재즈의 핵심 구조를 이루고 있다고 한다.

전문가들의 세계에서 배제되어 있는 사람의 무력감, 음악 앞에서 마치 사회적 권력을 대하는 듯한 두려움을 느끼고 그 두려움 때문에 그것에 적응하려 애쓰지만 아직 성공하지 못한 사람의 무력감―이러한 무력감은 재즈 애호가의 노련한 통상적 감각만큼이나 중요한 요소이다. 결국 무력감(울부짖는 비브라토

에 대한)과 통상적 의식(진부함) 두 가지는 다함께 재즈의 구성 요소를 이룬다.[24]

아도르노는 이런 스펙트럼의 다른 한쪽 끝, 곧 세련된 수준의 재즈 미감을 가진 쪽에서도 상황은 그다지 나아 보이지 않는다고 결론짓는다. 여기서도 비브라토는 굳어버린 사회가 덜 굳은 것처럼 보이기 위해 이용하는 수단일 뿐이다. "재즈에 주입된 개성적 요소는 … 그 자신에서 비롯된 것도, 스스로에게 속한 것도 아니다. 그것은 이미 오래전에 굳어졌고, 틀에 박힌 것이 되었으며, 소모되어 버렸다. 즉 이전의 사회적 관습만큼이나 경직된 것이 되어버린 것이다."[25]

다음 절에서 아도르노는 순전히 음향적이고 물리적인 측면을 양식상의 문제로 확장한다. 삶과 경직성 사이의 긴장은 살롱 음악과 행진곡 사이의 관계로 옮겨지는데,[26] 이는 각각 부르주아적 개성의 위장과 공동체성이라는 허상에 해당한다. 아도르노는 이 살롱 음악과 행진곡 사이의 과도적 공간에 재즈의 걸음걸이*를 배치한다. 이 과정에서 놀랍게도 진정한 부르주아 해방의 짧은 순간이 나타나는 듯 보인다. 춤이라는 의례는 신화적 의미를 벗고 부르주아적 걸음걸이로 전환되는데, 이는 살롱에서 새로운 계급적 자의식의 아비투스가 발생하는 것과도 비슷할 것이다. 그러나 이 걷기가 "새로운 마법"[27]으로 빨려들기 전에―즉 리듬의 명령에 맞춰 진행되는 행진곡

---

* 재즈의 리듬과 진행 방식은 흔히 '걷기'(gait, walk)로 표현된다.

으로 바뀌기 전에—아도르노는 이 탈신화화된 실천의 순간을 잠시나마 더 붙들고자 한다.

왜냐하면 이 순간 재즈 속에서 성좌의 가능성과 그것에 수반되는 유토피아적 의미가 갑자기 다시 반짝이기 때문이다. 짧은 순간이지만, 이 새로운 형식의 예술은 "질서정연하면서도 우연적인 삶의 감각적 경험"[28]을 표현할 수 있는 역량을 가진 것처럼 보인다. 아도르노는 이 우연적인 삶의 장면들을 영화처럼 묘사한다. 예컨대 해안가를 거니는 사람들, 구두를 손보느라 바쁜 여인… 그리고 이런 장면들에는 재즈 음악이 너무나 잘 어울려서 더 이상 음악이 의식되지 않기까지 한다.

그렇다면 재즈는 결국 동시대적인 무심함의 표현, 즉 나폴리의 프롤레타리아들과 외롭게 자신과 싸우고 있는 부르주아 사이의 어딘가에 위치하는 계급의 해방인가? 이를테면 성적이기도 한 해방 말이다. 아도르노는 이렇게 하여 앞서 언급한 일상적 삶의 모든 우연적 순간들을 성적인 암시로 쉽게 재해석할 수 있었다.

그리고 마지막으로 한 줄의 공백을 띄운 다음, 재즈는 벤야민과 라시스의 나폴리처럼 하나의 '배경'으로, 즉 "구체적이고 역사적으로 결정된 사회적 정체성과 성적 에너지의 성좌"[29]로 제시된다. 그리고 이 모든 것들은 즉시 자아와의 조우 장면으로 넘어간다. 변증법적 이미지가 도플갱어의 역할을 한다는 것은 이미 충분히 분석된 바 있다. 이제 중심에 서는 것은 비브라토, 특히 이번에는 의인화된 싱커페이션이다. 싱커페이션은 박자에서 이탈함으로써 "개별적 우연성이 스스로를 구체화하는" 방식을 보여준다.

하지만 아도르노는 이런 우연성이 "아주 짧은 시간 동안만"[30] 구현된다고 판단한다. 재즈에 대한 해방적 기대는 잠깐의 극적이지만 무익한 순간 동안만 지속될 뿐이다. 왜냐하면 여기서도 역시 성좌로 나아가는 과정은 멈춰 있기 때문이다. 권력관계는 이미 뚜렷하게 정해져 있다. 과거에는 주체가 자신의 도플갱어를 보고 몸서리치며 뒤로 물러설 수 있었다. 그러나 이제는 주체 자신이 변증법적 이미지가 되어버렸다. 이 주체가 마주하는 사회는 자신의 목적을 위해 주입의 과정을 이용하면서도, 자신 안에 있는 제2의 본성을 드러내는 표상과 마주하고 있다는 사실에는 전혀 신경 쓰지 않는다. 이런 방식으로 재즈의 주체는 사회라는 더 높은 권위에 "표현을 부여하긴 하지만, 그 표현을 통해 그것을 부드럽게 만들거나 변화시키지는 못한다"고 아도르노는 주장한다.[31]

나폴리의 매력 중 하나는 사물들이 늘 고장 나 있는 상태라는 점이다. 사람들은 기술의 명령을 가볍게 무시하고 근대성이 강요하는 엄격성을 자기들 방식으로 바꿔버리곤 했다. 존-레텔은 「망가진 것의 이념」에서 이렇게 썼다. "기술은 인간이 기계의 적대적이고 폐쇄적인 자동화를 거부하고 스스로 기계의 세계로 발을 내딛을 때에 비로소 작동한다."[32] 그는 또한 "나폴리에서 기계는 원래 설계된 대로의 문명적 연속체로 기능하지 않는다. 나폴리는 그것에 등을 돌린다"[33]고 덧붙였다.

새로운 독점적 관리 체제 내의 세계는 모든 것이 너무나 잘 작동하고 "기계의 자동성"에 대한 전복이 불가능하다는 특징을 가지고 있다. 그렇다면 성좌를 만들어낼 낡고 닳아빠진 재료들은 어디서 구할 수 있는가? 한때 존-레텔과 동료들이 이상으로 여긴 망가진 물건들은 수리점으로 옮겨져 철저히 정비되고 말았다. 1934년 아도르노가 망명의 첫 경유지로 옥스퍼드에 도착했을 때, 고장 없는 기계 장치들의 상상적 세계는 그곳에 이미 구현되어 있었다. 영국에 귀화한 그의 삼촌 버너드 윙필드는 그곳에서 터빈 장치를 전문으로 제조하는 공장을 경영하고 있었다. 『미니마 모랄리아』에서 아도르노는 영국 친척들이 자신에게 아동용 책을 가져다준 일화를 예로 들면서, 아직 이해하지 못한 언어의 낯섦이 어떻게 그에게 특별한 상상력을 불러일으켰는지를 회상한다. "나는 그 책들을 읽을 수 없었기에, 책의 눈부신 그림들, 제목, 삽화, 해독할 수 없는 문자들은 나에게 마치 말을 거는 듯 다가왔고, 그 책들은 결코 진짜 책이 아니라 광고물—아마도 삼촌의 런던 공장에서 만든 기계들에 대한 광고물처럼 느껴졌다."[34]

아도르노의 관념적 세계에서 기계 장치는 성(性)—재즈 에세이 끝부분에서 신체적 구체성으로 가시화되어야 한다고 말한 것—과 연결되며, 하나의 괴물을 탄생시킨다. 이 글은 자아와의 조우 장면에 이르기까지 성좌의 찬탈이 어떻게 이루어졌는지를 설명한 다음, 재즈 오케스트라를 '이중의 기능'을 가진 기계로 변형시킨다. 이중의 기능이란 "위협적으로 경련하는 거세 기계의 기능과, 끊임없이 쿵쾅거리는 위력적인 교미 기계의 기능이다."[35]

호르크하이머는 그의 재즈 글에 대해 대체로 호의적인 입장이었지만, 수정 과정에서 몇몇 부분의 삭제를 제안했다. 그중에서도 특히 성을 다룬 대목들이 집중적으로 거론되었다. 호르크하이머는 뉴욕의 "사회분석가"들이 이 구절을 읽고 아도르노의 이론적 배경을 오해할 가능성이 있다고 우려했다.[36] 이에 대해 아도르노는 강하게 반발하면서 "공동의 지적 책임"에 호소했다.[37] 그는 이 모든 논의가 '거세 공포'라는 개념을 중심으로 세심하게 구성된 것이라고 주장했다. 예를 들어 싱커페이션과 거세 공포는 단지 연상으로만 이어져 있는 것이 아니며, 싱커페이션은 주입의 행위에서 유래된 변증법적 이미지의 하나로서 "역사적으로 구체화된 것"이자 "거세 공포의 현현"이라는 것이다.[38] 또한 아도르노는 이중 기계에 대해서도 해명하는데, 이 개념은 단순히 프로이트나 빌헬름 라이히의 이론을 충분히 소화하지 못한 지식인의 엉뚱한 공상이 아니라는 것이다. 아도르노에게 이 기계는 "살아있는 실체로" 눈앞에 존재하는 것이었지만, 이 부분은 아도르노의 강한 방어에도 불구하고 최종 출판본에는 실리지 못했다.[39]

교미 기계 부분이 삭제된 것은 성의 성좌를 구성하고 그 왜곡된 형상을 제시하고자 했던 이 글에는 큰 손실이었지만, 이 손실이 변증법적 이미지를 지속적으로 만들어내고자 하는 이 글의 전체적 목적에 결정적 타격을 입히지는 않는다. 마지막 단락에서는 거세와 교미 기계보다 어쩌면 더 나쁜 기계가 소개되는데, 바로 아도르노가 "참을 수 없는 뷔를리처 오르간(Wurlitzer-Orgel)"[40]이라고 부른 것이다. 전자 피아노의 초기 형태인 이 기계는 비브라토의 모든 끔찍한 특징—즉 객관적인 소리를 주관적 표현에 의해 "치장"하는 것—을 압축하고 있다. 아도르노에 따르면, "이 악기에서 재즈 비브라토의 본질이 마침내 완전히 드러난다"[41]고 한다.

그래서 결국 무엇인가가 다시 밝혀졌다. 그러나 이 단계에서의 진실은 절단된 것이다. 예전에는 성좌를 통해서, 드러남 자체를 가능케 했던 메커니즘이 밝혀졌다. 하지만 이제 이 메커니즘은 작동을 멈추었다. 독점적 힘들이 성좌의 작동을 멈추기 위해 그것을 이용하고 있으며, 그 결과 이제 유일하게 남은 일은 이 멈춤의 지속적 이미지들을 생산하고, 사물을 움직이게 하는 것처럼 보이지만 실제로는 굳어버리게 만드는 괴물 같은 기계들의 환영을 밝히는 것이다.

이 문제적 과정은 아도르노 텍스트의 또 다른 특징, 즉 독자에게 던지는 또 다른 매혹적인 도전을 부각시킨다. 아도르노 텍스트가 제시했던 성좌의 초기 개념에서는 환각적인 순환이 중심을 이루었지만, 이제 성좌 개념의 변화와 함께 어떤 끊임없는 반복이 추가된 것이다. 우리는 성좌의 도래 없이도 하나의 변증법적 이미지에서 다음 이미지로 넘어가게 되었다. 이것은 지속적이고 끝없는 공포이며, 어떤 희망마저도 짓이기는 맷돌이다.

14
해변으로 밀려온 세이렌들

 카프리에서 포시타노로 가는 배는 클라벨의 사라센 탑 바로 앞에 위치한 아름다운 군도 리 갈리(Li Galli)로 여행객을 빠르게 안내한다. 클라벨의 동생 르네는 그중에서 가장 큰 섬 세 곳을 구입하고 싶었으나,[1] 1922년 러시아의 무용가이자 안무가인 레오니드 마신에게 선수를 빼앗겼다. 부동산 소유에는 의무가 따르기 마련인데, 마신은 몇 가지 아이디어를 염두에 두고 있었다. 길버트 클라벨의 기록에 의하면, "그는 리 갈리 군도의 하나인 '이솔라 룽가'(Isola Lunga)에 길이 20미터, 너비 30미터에 달하는 큰 건물(좋은 비율이 아님)을 지을 계획을 가지고 있었다. 나는 그가 무슨 생각을 하고 있는지 몰랐다. 그는 전부 대리석(!)으로 치장한 그리스식 현관과 극장, 무용교습실로 사용할 테라스에 대해 말하곤 했다. 세이렌의 섬에 무용 식민지라니!"[2] 후일의 르 코르뷔지에를 제외하면 이런 건축 계획을 도운 사람은 없었다. 영화배우 엘리자베스 베일러가 1964년에 백만 달러를 제의했지만 거래는 이루어지지 않았다.³ 1989년에 또 다른 유명한 러시아 출신 무용가인 루돌프 누레예프에게 소유권이 넘어갔다.

그러나 클라벨이 '세이렌의 섬'이라는 단어를 쓴 데서 유추할 수 있는 것처럼, 전설에는 아주 오랜 옛날부터 이 군도에는 세이렌들이 살고 있었다고 한다. 라 카프리아는 바로 이곳이 나폴리 만에서 호메로스적 영역의 정중앙임을 말하고 있다. 오디세우스가 재치 있는 속임수를 써서 세이렌들에게서 빠져나오자 낙담한 자매들은 그들의 몸을 바다에 던진다.⁴ 나폴리는 한때 '파르테노페'로 불리기도 했는데, 이 이름은 바다에 몸을 던진 세이렌 중 하나가 아도르노가 머물던 호텔이 있는 해안 '비아 파르테노페'로 떠밀려 왔다는 오래된 전설에서 비롯된 것이다.⁵

현대 철학에서 가장 영향력 있는 책 중의 하나인 아도르노와 호르크하이머의 『계몽의 변증법』 도입부에서 저자들은 세이렌과의 만남을 문명사의 정점으로 보고 「오디세이아」에 대한 간략한 해설을 덧붙인다. 이 텍스트를 처음 접하는 독자들은 왜 이 책이 모든 세대들을 전율케 하는지를 쉽게 이해할 수 있다. 처음에는 이해가 안 되는 독자들도 역사상 가장 큰 위기를 맞이하던 시절에 쓴, 인류 역사 전반을 관통하는 이 책의 서술 방식에 감동을 받을 것이다. 호르크하이머와 아도르노가 공동으로 작업하기로 하고, 마침내 자신들의 글쓰기 스타일을 융합하여 이 불굴의 열정이 담긴 작품을 완성할 기회를 얻었다는 것은 얼마나 큰 행운인가? 그들은 로스앤젤레스 시내에서 서쪽으로 약 20분 거리에 있는 서부 해안, 어느 영리한 부동산 개발업자가 '캘리포니아의 리비에라'라고 이름 붙인 지역에 머물며 함께 『계몽의 변증법』을 썼다. '리비에라'라는 아름다운 유럽 해변의 이름이 그러하듯이 이 거리에 붙은 이름들—산레모 드라이브, 모나코 드라이브 등—은 고향에 대한 향수를 불러일으켜서 많은 유럽 이민자들을 끌어들였다. 그 결과, 유럽의 여러 지명들이 뒤죽박죽 섞인 새로운 거리 이름들이 만들어지기 시작했다. 나폴리, 카프리, 소렌토 거리는 남프랑스 이름을 딴 도로망과 섞여 있었는데, 소설가 리온 포이히트방거와 토마스 만은 아말피 드라이브에 살다가 해안가 빌라로 이사했다. 아도르노와 함께 영화음악에 대한 책을 쓴 한스 아이슬러는 아말피 드라이브 689번지에 살고 있었다.

"막스와 나는 함께 일을 아주 잘하고 있어요."[6] 아도르노는 부모에게 보낸 편지에서 호르크하이머와 함께 책을 쓰고 있다고 전했다. "우리는 서로 토론하고 합의에 도달한 다음, 글을 함께 작성합니다. 우리 중 한 명이 초고를 쓰기 시작하면 다른 한 사람은 그걸 끝까지 읽고 마무리하는데, 이런 작업은 우리가 말하고자 하는 걸 사전에 명료하게 결정했기 때문에 가능합니다."[7]

그 과정이 명료했던 것은 그들이 사전에 토론했기 때문만이 아니라 『계몽의 변증법』의 여러 초기 버전들이 이미 주어져 있었기 때문이기도 했다. 예를 들어 포시타노에 대한 크라카우어의 신화적 상상에는 오디세우스에 관한 몇 가지 암시가 있다.[8] 크라카우어가 보기에 포시타노에서 나폴리 수족관으로 가는 길은 계몽주의에 대한 요약이었다. 방문자들이 한스 폰 마레스가 그린 〈바다와 해변 삶

해양생물연구소 강당 벽에 그린 한스 폰 마레스의 프레스코화

서쪽과 북쪽 벽

동쪽과 남쪽 벽

의 유혹〉(Reiz des Meeres- und Strandlebens)을 감상할 수 있는 프레스코 홀에는 이런 한가한 풍경을 연출하기 위해 갇혀 지내는 심해 생물들이 바로 밭 밑에 있었다. 클라벨이 극복해야 했던 신화적인 마법의 물은 이제 수족관 안에 길들여져 있었다. 『대중의 장식』(*Das Ornament der Masse*)에서 크라카우어는 자연에 대한 인간의 투쟁을 이야기하면서 『계몽의 변증법』과 동일한 유형의 글의 선례를 보여주었다.

좌절된 성좌의 모델은 호르크하이머와 아도르노의 논의를 위한 틀을 제공한다. 이 이론적 틀을 조금 더 밀고 나가면 『계몽의 변증법』 서두의 강력한 개념에 도달한다. 서두에서는 성좌를 향한 인류의 질주가 다시 한 번 묘사되고, 그 과정에서 이에 대한 기대를 극단적으로 고조시킨다. 아도르노는 인간이 자신의 도플갱어와 조우하는 이 순간을 인류 역사의 서막에 위치시킴으로써, 그 조우의 반복을 실제 역사의 약속, 즉 이루어질 수 없는 희망으로 바꾸어놓는다.

변증법적 이미지는 주체에게 그 자신의 자연적 본성을 대면케 하는 전략적 효용성을 가지고 있다. 자신의 상태에 대한 이 섬뜩한 대면을 통해서 자연적 본성 그 자체를 넘어서는 상태로의 이행이 가능해진다. 아도르노는 바로 이 장면을 주체성(즉 역사)이 처음으로 형성된 역사적 순간에 투사한다. 이 순간에 "자연의 복잡한 얽힘"은 극복되고, 자연은 더 이상 단순한 자연이 아니게 된다. 그리고 인간은 그때 처음으로 눈을 뜬다.[9] 낯선 것은 '섬뜩함의 부름'을 통해서 마치 '마나'(mana)와 같은 초자연적 힘으로서 받아들여진다.[10] 그러나 이 전율은 또한 "게으른" 존재들로 하여금 자신 안에서 자신을 초월할 수 있게 해준다. 즉 "나중에 주체성이라고 불리게 될 존재는 이 전율에 대한 맹목적 두려움으로부터 스스로를 해방시키는 존재임과 동시에 전율 자체가 전개된 결과이기도 하다. 주체 안에는 자신을 초월하는 총체적인 주술에 대한 반응인 전율 외에는 아무것도 없다."[11] 인간됨의 형성이란 바로 자신에게서 후퇴함으로써 자기 초월을 이루는 본래적 형식을 말하는 것으로서, 나중에 이 주체가 책임지는 사회가 다시 (제2의) 본성이 되었을 때 바로 이 본성과 관련해서도 동일한 초월이 실현되어야 한다.

아도르노의 짧고 기민한 서사는 이렇게 뜻하지 않게 인류 역사의 핵심을 건드리는 이야기가 되었다. 만약 인류가 스스로 만들어낸 괴물과의 대면에 성공한다면, 그것은 혼돈의 사회가 품위 있고 이성적인 사회로 변모하는 순간으로 기록될 것이다. 『계몽의 변증법』의 첫 장인 '계몽의 개념'은 이런 순간을 시작하기 위한 토대를 준비하고 있다. 보체크와 슈베르트에 대한 글처럼 이 장은 세 절로 구성되어 있는데,[12] 각 절은 전율하는 자아와의 조우 장면으로 끝을 맺는다. 그러나 재즈에 대한 글에서처럼 성좌를 향한 이 과정은 어느 순간 멈춰버리고 만다.

세 번째 절의 마지막에서 우리는 마침내 '마나' 장면의 전율이 "권력은 사고 그 자체 안에서조차 화해할 수 없는 본성임을 깨달을"[13] 가능성과 함께 현대 사회에서도 또다시 반복될 수 있다는 소식을 듣게 된다. 그리하여 마지막 문장은 "자연에 대한 기억이 주체 안에서도" 마침내 일어날 것이라는 희망을 산산조각 낸다. "그러한 가능성 앞에서, 계몽은 현재에 봉사하면서 대중에 대한 노골적인 기만으로 스스로를 변질시킨다."[14]

15
피의 기적

    아도르노가 미국으로 망명했을 때 나폴리는 멀어진 것처럼 보였다. 재즈에 대한 아도르노의 글은 이제는 희미해진 나폴리 성좌에 대한 마지막 언급으로 읽을 수도 있다.
    그러나 아도르노가 1938년 2월 용광로 같은 뉴욕에 도착했을 때, 이 도시는 이미 오래전부터 나폴리적인 제의(祭儀)를 모방하고 있었다. 1925년으로 돌아가면, 아도르노는 그해 9월 19일에 아말피 해변 근처에 머무는 바람에[1] 그날 낮에 나폴리에서 거행된 '피의 기적'이라는 광경을 놓친 듯하다. 하지만 북유럽인에게는 너무나 기묘하고 낯선 다른 광경들처럼, 산 제나로(성 야누아리오)의 동상이 대성당으로 옮겨지는 이 장엄한 행렬에 대한 이야기를 그도 들었을 것이다. 이와 함께 300여 년 전 참수형을 당한 후 작은 앰풀에 보관해온 이 나폴리 수호성인의 피가 다시 흐르게 될지를 초조하고도 두려운 표정으로 기다리는 사람들 이야기도 들었을 것이다. 만일 피가 흐르지 않는다면 군중들은 다가올 재앙과 불운에 대한 두려움으로 통곡할 것이다.

해마다 9월 19일이 되면 맨해튼 리틀 이탈리아의 멀베리 가는 거대한 축제장으로 변하고, 비록 산 제나로의 피는 없지만 비슷한 장면이 연출된다. 아도르노는 『계몽의 변증법』에서 "다른 생각 없이 그저 전쟁에 나간 손자의 안전을 위해 성 제나로에게 양초를 봉헌하는 늙은 이탈리아 여인은 우상을 믿지 않는 고위 사제와 교황이 전쟁의 무기를 축복하는 행위보다 더 진실에 가깝다"고 썼다.[2]

흐르는 피는 또한 아도르노가 『계몽의 변증법』에 보론으로 쓴 「오디세이아」 이야기로 흘러가는데, 이야기는 주변 지점을 거치지 않고 곧바로 저승으로 연결된다. 우리는 오디세우스가 죽은 어머니를 만나는 장면에서 이런 연관성을 읽을 수 있다. "살아있는 기억을 담보하기 위해서는 희생된 피[*]가 필요하다. 그래야만 저승의 그림자들은 말을 얻을 수 있고, 그 피를 통해서만 비록 헛되고 덧없는 일이라 할지라도 신화적 침묵에서 벗어날 수 있기 때문이다."[3] 피가 아도르노의 텍스트에 등장하는 경우는 드물다. 피는 주로 인종주의적 정체성 정치와 관련되어 있기 때문이다.[4] 따라서 피가 이런 긍정적인 맥락으로, 그리고 '희생'의 표지로 등장하는 것은 놀라운 일이다. 희생은 아도르노가 이 보론에서 계몽주의 사상가의 첫 번째 기만으로 길게 다룬 것이기도 하다. 그렇다면 어떻게 이런 '희생된 피'가 아도르노의 성좌 모델에 통합될 수 있는가?

---

[*] 오디세우스가 저승에 방문하기 위해 먼저 동물의 피를 바친 것을 말한다.

『계몽의 변증법』 서두에서 오디세우스가 세이렌들을 만나는 장면에 대한 간략한 묘사는 이 책의 수많은 하이라이트 중에서도 두드러진다. 노 젓는 부하들의 귀를 막게 하고 세이렌의 목소리를 듣기 위해 자신의 몸을 묶는 사령관 오디세우스의 영웅적인 자기구속 행위는 절망적 쾌락에 빠진 현대의 콘서트 관객의 자기예속을 연상시킨다. 한 페이지 반에 걸친 아도르노의 해설과 문화 파괴에 사로잡히지 않는 독자는 없을 것이다.

그러나 「오디세이아」 전체를 언급하고 있는 보론으로 돌아가면 다소 실망스럽게 느껴질 수도 있다. 물론 아도르노는 책의 첫 장인 '계몽의 개념'에 짧게 실린 세이렌 장면에서 보여준 것 같은 날카롭고 역동적인 놀라움을 계속 전달하기는 어려웠을 것이다. 그 장면은 「오디세이아」에서도 가장 잘 알려진 에피소드를 다룬 것이기 때문이다. 따라서 해설자가 이런 모험담 대신 귀향의 과정이나 결혼에 대한 이야기로 옮겨가는 것도 이해할 만한 선택이다. 그러나 여성이 "자연의 대표자"로 등장하고, 「오디세이아」 보론에서 접하는 첫 번째 변증법적 이미지로 나오는 것이 과연 타당한가?[5] 물론 오디세우스를 유혹하는 키르케 장면*을 통해 아도르노가 묘사하려고 한 욕망의 억압이 "원형적 부르주아"의 자기 억압이라는 서사에서 중요한 구성요소임에는 틀림없다. 그러나 그렇다고는 해도 그 속에는 아도르노의 개인사가 지나치게 스며들어 있는 것은 아닐까?

* 키르케는 인간을 동물로 만들어버리는 마녀이지만 마술에 걸려들지 않는 오디세우스와 사랑하는 사이가 되며, 그에게 세이렌의 유혹을 경고하고 저승에 가는 방법을 알려주는 등의 역할을 한다.

캘리포니아 망명자의 문화적 환경이 일으킨 여성 매력에 대한 아도르노의 열정은 일련의 심각한 감정적 혼란을 초래했다. 1943년 봄, 그는 배우이자 시나리오 작가인 르네 넬(Renée Nell)과의 불행한 관계를 글 속에 담아낸다. 그는 부모에게 보낸 편지에서 의연한 척 하는 말투로 이렇게 쓴다. "저는 여전히 잘 지내고 있어요. 절제하는 재능은 거의 없지만요. (호메로스에 대한 저의 연구가 절제에 대한 비판인 것처럼 말이죠.)"[6]

결국 '여성'이라는 변증법적 이미지에 이어서 결혼 역시 「오디세이아」의 진리 내용을 밝히기 위한 필수적 여정의 하나가 된다. 아도르노는 이렇게 쓴다. "의심할 바 없이 결혼은 문명의 바탕에 자리한 신화적 기초의 일부를 형성한다. 그러나 이 신화적 결속과 영속성은 마치 작은 섬나라가 끝없는 바다에서 솟아나는 것처럼 신화로부터 튀어나온다."[7] 아마도 그는 이 구절이 개인적인 부분을 지나치게 많이 담고 있음을 인지한 것으로 보인다. 따라서 출판본에서 저승으로 이어지는 다음 단락은 다른 방식으로 전개된다.

하지만 초기 버전에서는 부부를 비유한 섬 메타포가 「오디세이아」의 진리를 형성하는 성좌로 바로 연결된다. 왜냐하면 이 책 서두에 나오는 성좌의 실패 과정 이하에서는 아도르노가 「오디세이아」 보론에서 원래 구상했던 구조가 강력한 힘을 발휘하기 때문이다.

아도르노의 해석에 따르면, 호메로스는 서사의 전체 구조를 위태롭게 만들 정도로 서사의 세부적인 내용을 지나치게 키운다. "호메로스에서 은유가 그에 대응하는 사실로부터 자율성을 갖고 있는 것이 사실이라면 … 이는 언어가 의도의 맥락에 얽매이는 것에 대한 적대감이 여기서도 표출되고 있는 것이다. 언어로 구현된 이미지는 그 자신의 의미를 망각하고, 대상과의 관계가 지닌 논리적 의미를 투명하게 드러내는 대신, 언어 자체만을 이미지 안으로 끌어들이기 때문이다."[8]

이것은 다시 변증법적 이미지의 과정이다. 이미 죽은 것들, 즉 의미의 주입 대상인 그것들은 이 경우에는 은유의 이미지들이다. 그리고 아도르노의 변증법적 이미지에서 늘 그랬듯이 "주입된 재료의 힘은 은유의 의도를 넘어선다."[9]

따라서 아도르노는 호메로스 자신의 은유만을 활용하여 「오디세이아」의 진리를 성좌로 만들고자 했다. 특히 그는 아무 은유나 고집한 것이 아니라, "이야기의 끝으로 갈수록 그 실체가 벌거벗은 형태로 드러나는 내용"[10]을 담은 은유에 집중했다. 결혼이라는 섬이 재회한 부부의 행복에 대한 은유로 이용되는 구절은 이렇게 이어진다. "그리고 그 육지가 헤엄치는 사람들에게는 얼마나 기쁜 것인가/ 포세이돈의 힘은 또 얼마나 대단한가/ 불어난 파도의 맹렬함 속에서 그들의 튼튼한 배가 부서졌던 것처럼…/ … 이제 그들은 기쁜 마음으로 모든 역경을 이기고 육지에 오르네/ 그녀가 그를 바라볼 때 그녀의 남편은 너무나 반가웠고/ 그녀는 자신의 백합 같은 팔의 품에서 그를 놓을 수 없었네."[11]

아도르노의 견해에 의하면, 이 생생한 비유를 통해서 호메로스 서사시는 그 "벌거벗은 실체"를 드러내는데, 그것은 "바다의 파도가 바위 해안에 부딪히며 끊임없이 울려 퍼지는 박동에 귀를 기울이고, 바닷물이 어떻게 바위 위를 넘실거리며 덮고, 다시 큰 소리를 내며 되돌아 나와 단단한 땅을 더 깊은 색으로 빛나게 하는지, 그 방식을 끊임없이 재현하려는 시도이다."[12] 오디세우스의 모험담에서 진정으로 문제의 핵심이 무엇인지를 보여주는 일련의 이미지들, 즉 가장 기본적인 공통분모라 할 수 있는 것은 바다의 온갖 위험을 견디고 마침내 육지에 도달하는 것이다.[13] 그러나 아도르노는 호메로스 서사가 보여주는 이미지들을 이야기가 서술되는 방식 자체에 대한 은유로 바꾼다. 그에 따르면 파도의 굉음은 서사시 자체가 내는 소리이기도 한데, 그것은 유동적이고 모호하고 교환가능한 것들로부터 바위처럼 단단하고 특별한 것, 말할 가치가 있는 것을 분리해내려고 할 때 나는 소리이기도 하다.

아도르노는 변증법적 독해 기법을 사용하여 호메로스의 언어적 이미지로부터 호메로스가 자신의 이미지를 설계한 방식을 추론한다. 그러나 아도르노는 서사 자체의 차원에서 이 기법을 적용할 수 있는 모델을 찾기도 했는데, 오디세우스가 모델이 되는 드문 사례 중 하나인, 저승세계가 이미지 해독을 위한 무대가 되는 경우가 바로 그것이다.

물론 「오디세이아」에 관한 글에서 저승여행이 등장하는 것은 그리 놀라운 일이 아니다. 그러나 아도르노는 이 저승 장면에 대한 논의를 글의 가장 중요하고 최종적인 단계로 삼는다. (「오디세이아」에서는 이 이야기가 중간에 등장한다.)[14] 죽은 동료들의 유령이 줄지어 나타난 이후 그의 앞에 등장하는 것은 오디세우스의 어머니이다. 그녀 역시 죽었기 때문에 유령일 수밖에 없다. 그러나 "이 유령은 언어가 이미지에 자리를 내주는 순간의 서사적 이야기와도 같은 것이다."[15] 유령에게 희생의 피를 바치는 행위는 그 자체로 변증법적 이미지를 능숙하게 처리하는 것에 대한 비유이기도 하다. 그런 의식을 비합리적인 것이라고 가볍게 치부할 수는 없다. 아도르노가 피의 기적이라는 종교적 관행에 대해 관대한 태도를 취한 것은 그것이 신앙의 내용을 추상화하여 인식 불가능하게 할 정도는 아니기 때문이다. 그가 변증법적 이미지에 대해서도 관대한 이유 역시 그렇게 했을 때 비로소 진리 내용이 도출될 수 있기 때문이다. 그러나 결국 이 이미지에서 얻는 진리는 다름 아닌 기만에 대한 통찰, 즉 이미지가 지닌 유령 같은 성격에 대한 통찰과 사실상 자신이 죽은 자를 대면하고 있다는 사실에 대한 통찰뿐이다. 살아있는 모습으로 나타난 어머니의 이미지는 그 자신의 부존재를 드러낸다.[16]

16
포시타노의 예언

『계몽의 변증법』은 로스앤젤레스 시내와 해안 사이에 위치한 캘리포니아 브렌트우드에서 작성되었는데, 이곳은 미국이 참전하기 직전인 1941년 말에 아도르노가 호르크하이머를 따라 온 곳이었다. 그는 '사회연구소'의 지루한 작업과는 거리가 먼 이곳에서 오직 책을 쓰는 데 전념할 수 있기를 바랐다. 여전히 저술에 매달리고 있던 1942년의 어느 시점에 아도르노는 카프카에 대한 아이디어와 메모를 정리하는 용도의 새로운 노트를 작성하기 시작했다. 10년 후 그는 이 노트를 체계적인 글로 바꾸었다. 그는 "노트 자료를 13개 절로 구분하고"[1] 각 노트에 해당되는 절의 번호를 적었다. 그런 다음 이 구조를 이용해서 노트 내용을 문장으로 완성했다. 노트가 본문에 들어가면 그 부분을 지웠다.

노트가 서로 조합되어 하나의 연속적 텍스트로 엮이는 과정은 앞서 그랬듯이 성좌 자체가 형성되는 과정이기도 하다. 도입부 나음에 이어지는 절에서 그는 '카프카'라는 수수께끼에 접근하는 데 이용한 방법론을 설명한다. 아도르노는 특정 의미를 지시하는 용도로부터 스스로를 해방시키는 은유에 귀를 기울인다. "때때로 단어들, 특히 은유는 자신에게서 벗어나 자기 고유의 자율성을 획득한다."[2] 세 번째 절에서 카프카는 "현실의 찌꺼기들"에서 이미지를 창조하는 성좌의 대가로 등장하며, 네 번째 절에서는 그러한 성좌의 한 가지 예가 제시된다. 즉 개인들은 각자의 몸짓들로 구성된 성좌를 이루는데, 이것이야말로 그들의 소외를 드러낸다는 것이다. "카프카에게 있어 그 모든 것이 향하는 결정적인 순간은 바로 자기가 자기 자신이 아님을 인간이 깨닫는 것, 즉 자신이 사물이라는 것을 깨닫는 것이다."[3] 다섯 번째 절에서는 아도르노의 모델이 여전히 자유주의에서 독점자본주의로의 전환에 관한 것임이 분명해진다. 왜냐하면 바로 이 전환으로 인해 '찌꺼기'가 생겨나고, 이를 통해 새 시대의 이미지가 성좌로 형성될 수 있기 때문이다. "카프카는 독점주의가 청산한 자유주의 시대의 폐기물들에 초점을 맞춤으로써 독점주의의 가면을 벗긴다."[4] 여섯 번째 절에서 이 전환은 마지막으로 지하세계 곧 지옥으로 향한다. 이 절은 아도르노가 성좌 모델을 다시 살려내기 위해 사용한 내적 논리를 보여주고 있는데, 그는 이미 재즈에 관한 글에서 성좌 형성이 실패한 이유를 인상적으로 보여준 바 있다.

집필 과정에서 아도르노는 원래 계획에 들어있던 몇 가지 항목을 제외했다. 13개 항목이었던 것이 9개 항목만 남게 된 것이다. 그리고 중간에 있던 일곱 번째 항목—"예언된 파시즘"이라는 제목이 붙어 있었다―은 여섯 번째 항목으로 합쳐졌다. 순서상 중간에 있지는 않지만 개념적으로는 글의 중심 역할을 계속 맡고 있는 이 항목에서 아도르노의 모델이 된 지옥, 즉 포시타노의 섬뜩한 풍경은 현실 세계에서 이에 어울리는 잔혹한 대응물을 발견한다. 아우슈비츠가 바로 그것이다. 결국 지옥과도 같은 변증법적 이미지, 즉 외양에 불과한 삶을 죽음에 '주입'하는 행위는 아도르노가 카프카 글에서 묘사한 것처럼 나치가 강제수용소에서 자행한 범죄를 설명하는 데에도 소름끼칠 정도로 들어맞는다.

어쩌면 그것은 한때 사냥꾼 그라쿠스*였던 이, 죽음을 제대로 맞이하지 못한 사내의 이야기를 의미할지도 모른다. 죽는 데 실패한 부르주아처럼 말이다. 역사가 카프카에게 지옥으로 보이는 것은 구원의 기회를 상실했기 때문이다. 이 지옥은 후기 부르주아 계급이 스스로 연 것이다. 파시즘의 강제수용소들에서는 삶과 죽음 사이의 경계가 삭제되었다. 살아있는 해골과 썩어가는 시체, 스스로 목숨을 끊을 수도 없는 희생자들, 죽음을 없애려는 희망을 비웃는 사탄까지, 삶과 죽음 사이의 중간 지대가 창조되었다. 카프카의 뒤틀린 서사시처럼, 거기서 소멸된 것은 한때 경험의 기준을 제공했던 것, 즉 스스로를 채우고 끝나는 삶이었다. 그라쿠스는 세상에서 추방될 가능성, 즉 충분히

---

* 카프카의 단편소설 「사냥꾼 그라쿠스」의 주인공. 오래전에 죽었지만 저승에 가지 못하고 되살아나서 지상에서 떠도는 운명을 가진 인물이다.

오래 살다가 맞이할 죽음을 완벽하게 반박하는 사례이다.[5]

비판이론의 역사적, 철학적 견해에 따르면, 후기자본주의는 근본적인 변화와 진정으로 합리적인 사회를 일으킬 기회를 놓침으로써 국가사회주의로 전락했다. 아도르노 이론은 이런 근본적 변화, 즉 "구원되어야" 했을 요소인 성좌가 나치에 의해 찬탈되었기 때문에 이제 성좌에 의한 '구원'이 없는 악마적인 변증법적 요소만 남게 되었다고 주장한다. 그는 홀로코스트를 이런 변증법적 이미지의 가장 극단적인 발현으로 본다.

누군가가 "우르릉대며 불쑥 솟아오른 차가운 분화구에서 벗어나 고통스러울 정도로 섬세하고 하얀 빛 속으로"[6] 들어간다. 그곳은 거대한 재앙이 땅을 찢어놓고 분화구 깊은 곳에 있던 괴물이 분노에 차서 튀어나왔던 곳이다. 그러나 모든 것은 이제 끝이 났다. 분화구에서 벗어난 그 사람은 재앙이 잊히지 않도록 그 가장자리를 빙빙 도는 일을 이어가야 한다.

1949년 아도르노가 독일로 돌아왔을 때, 그는 20년 전 슈베르트 평론 서두에서 상상했던 일을 다시 이어가고 싶었을 것이다. 고환이 없었던 클라벨처럼 독재자 아돌프 히틀러가 계몽주의의 성취를 산산조각 내고 세상을 지옥으로 만들어버린 상태였다. 하지만 아도르노는 여전히 홀로코스트의 사실을 증언하고 그것이 남긴 고통이 잊히지 않도록 하는 데 그의 서사를 이용할 수 있었다. 자기 자신의 악마적 쌍둥이와의 조우는 인류가 당면한 변증법적 이미지와의 조우를 의미하기도 한다. 인간이 초래한 재앙 앞에서 두려워 떨고 있는 전후(戰後)의 주체는 어떤 형태로든 "과거와 타협"하거나 "모든 것을 멀찌감치 떨어져서 보기"를 거부해야 한다. 이렇게 해서 아도르노의 서사는 전후 독일의 가장 중요한 철학적 이야기의 하나가 되었다.

17
나폴리 이후

한스 울리히 굼브레히트가 말했듯이, 1920년대 중반은 "한 시대의 끄트머리"에 선 시기였다.[1] 레닌이 죽었고, 보어와 하이젠베르크는 물리학의 진정한 기초에 대해 의문을 던졌으며, 히틀러는 『나의 투쟁』을, 하이데거는 『존재와 시간』을 썼고, 찰리 채플린은 〈황금광 시대〉를, 예이젠시테인은 〈전함 포툠킨〉을 찍었다. 사람들이 머잖아 폭발할 화산 위에서 신나게 춤을 추던 이 시기에, 자신들의 철학적 삶에서 가장 민감한 시기를 보내던 네 명의 지식인은 실제로 화산 가까운 곳에서 지내기 위해 떠났다.

나폴리 만은 이들의 사고에 주요한 영향을 끼쳤다. 나폴리 시의 경험은 근대성의 분석을 위한 핵심적인 체크포인트가 되었으며, 성좌 개념을 통해서 도시의 삶은 철학적 인식을 향한 새 길을 열었다. 니폴리 만의 '베르길리우스' 영역, 즉 응회암의 다공성은 사회적 유토피아와 철학적 텍스트의 구조적 이상이 되었다.

1966년 아도르노가 세 번째로 나폴리를 찾았을 때, 그는 이 기회를 이용하여 카프리와 포시타노에 대한 회상을 담은 엽서 편지를 존-레텔에게 보냈고, 그의 최근 주요 저작인 『부정 변증법』 출간을 알렸다. 존-레텔은 감탄과 고민이 뒤섞인 답장을 보내면서, 이 책 맨 첫 줄에 나오는 아도르노의 진단을 문제 삼았다. 세상을 바꾸려는 노력이 빗나가고 말았다는 진단이었다. "그것은 이미 끝난 과거에 관한 결론처럼 읽힙니다. 그렇게 생각하지 않습니까?"[2] 당시 중국에서 일어나고 있던 사건*은 사회 혁명이 여전히 진행 중임을 시사하는 것 아니었을까? 결국 그는 그들이 나폴리에서 나눈 대화를 상기하도록 호소했다. 이것은 그들이 혁명의 가능성에 대해 얼마나 많은 대화를 나누었는지를 암시해준다.

　"당신이 언급한 벤야민과의 대화―그것을 시대정신이라고 부르든, 아니면 다른 무엇으로 부르든 간에―는 이 점을 도외시했죠"[3]라고 아도르노는 냉정하게 답변했다. 제2차 세계대전과 국가사회주의의 경험 이후에 이어진 냉전의 위험 한가운데서 볼 때, 1920년대의 나폴리는 아도르노에게 너무나 먼 것처럼 느껴졌다. 그러나 반드시 그 이유 때문만은 아니었다. 국가사회주의가 도래하기 한참 전에 이미 그는 나폴리 만의 '호메로스적' 측면을 그의 이론에 통합했다. 변증법적 이미지는 단단한 석회암, 구멍을 채우려고 위협하는 물, 나폴리 수족관의 해양생물에서 비롯되었다. 국가사회주의가 이런 악마적 본성의 전모를 드러냈을 때, 포시타노에서 연상한 아도

---

* 1966년 시작된 '문화대혁명'을 말한다.

르노의 무서운 악마 모델은 오싹할 정도로 들어맞았다.

나폴리 모임의 참석자들 가운데서 아도르노는 생애에서 가장 성공적인 경력을 쌓았으며, 다른 사람들도 다양한 방식으로 그 성공을 공유했다. 다만 벤야민은 파시즘을 이겨내지 못했다. 그는 나치를 피해 탈출하다가 프랑스와 스페인 국경 근처의 포르부(Portbou) 마을에서 죽었다. 그러나 그의 업적은 아도르노의 노력으로 1970년대에 극적으로 재발견되었다. 크라카우어는 영화이론으로 미국에서 명성을 얻었으며, 그 뒤 독일로 돌아가지 않았다. 아도르노와 크라카우어 사이의 우정은 끊이지 않은 갈등에도 불구하고 크라카우어가 죽기 전까지 변치 않았다. 아도르노는 독일에서 크라카우어의 인지도를 높이기 위해서 노력했으며, 주어캄프 출판사의 발행인 지크프리트 운젤트를 설득하여 크라카우어의 선집 『대중의 장식』을 출판하도록 했다. 그러나 크라카우어는 1920년대와 30년대에 이미 가장 강렬한 표현력을 가진 작가의 한 사람으로 더 많은 독자들에게 알려지지 못하는 아쉬움이 있었다. 아도르노와 존-레텔은 1950년대 후반에 다시 서신을 주고받기 시작했으나 이 서신 교환은 오래 가지 못했는데, 그 이유는 아도르노가 혁명에 대한 존-레텔의 의지에 동조하지 않았기 때문이다. 그럼에도 불구하고 존-레텔은 아도르노의 장례식에서 운젤트와 대화를 나눌 수 있었고, 그의 작업은, 비록 오늘날에는 거의 영향력을 발휘하지 못하고 있으나, 뒤늦게나마 1970년대에 출판되어 자리를 잡을 수 있었다.

아도르노의 이론 역시 그 이후에 영향력을 상실한 것처럼 보인다. 아도르노는 '성좌'라는 반(反) 체계적 관념으로 가장 일관된 체계를 만들어냈고, 그럼으로써 성좌는 유럽 철학에서 가장 영향력 있는 이론의 하나가 되었으며, 홀로코스트와 근대성이 초래한 암흑을 부정하는 세력에 대항하는 무기가 되었다. 그러나 이러한 체계화는 성좌가 가져다 준 개방성, 즉 주변화된 것들과의 통합 능력을 축소시키는 대가를 치러야 했다.

하지만 성좌의 문체적인 행동주의, 유물론적 형식성은 '여전히 살아있다'. 이것이야말로 아도르노 텍스트에 지속적으로 매혹되는 이유일 것이다. 독자들에게 아도르노의 텍스트들은 이러한 행동주의의 위대한 부산물이다. 그의 텍스트는 악보처럼 그것들의 성좌를 추적하고, 그것을 항상 새롭게 연주하고, 결과적으로 모든 이데올로기화에 저항할 수 있는 실천으로의 초대이다.

: 에필로그

   아도르노의 가장 매력적이고 유쾌한 글 중의 하나는 수많은 엽서에 주인공으로 등장하고 재생산되어 카프리 관광의 아이콘이 된 카프리 어부 스파다로(Spadaro)에 대한 작은 동화이다. 사실 스파다로는 늘 하나의 이미지로 상품화되기만 한 것은 아니다. "그저 평범한 어부인 그는 저녁에 작은 배를 타고 나가서 마치 별과 같은 등불을 켜고 고기를 잡았을 뿐이다. 그렇지 않으면 너무 어둡기 때문이다." 그러나 이제 그의 모습을 담은 사진은 무려 175개에 달하게 되었으며, "그 자신 스스로 계속해서 상징적으로 빛을 발휘했다. 그에게 바다와 별은 더 이상 필요 없게 되었다고 말할 수 있다."[1]
   똑같은 일이 아도르노에게도 벌어졌다. 그의 텍스트가 이용된 수많은 용례는 그를 '비판이론'이라고 알려진 철학의 핵심 인물로 만들었으며, 이 눈부신 조명은 정작 그의 텍스트를 보이지 않게 만들고 심지어 "불필요한 것처럼 보이게 하는"[2] 위험까지 초래했다. 그

카프리 어부 스파다로가 찍혀 있는 그림엽서. ⓒ akg-images

러나 이런 시대도 이제는 지나가고 말았다. 스파다로는 자신의 상징이 된 등불을 다시 들어야 하고, 어부들도 자신의 등불을 다시 밝혀야 한다.

  이 책은 아도르노에 대해서도 동일한 작업이 필요하다는 점을 목표로 삼은 것이다. 즉 그의 텍스트의 구조적 구체성을 가시화하는 것이 이 책의 목표였다. 나는 이 책에서 하나의 풍광이 중대한 철학적 프로젝트로 전환되는 방식을 묘사하고자 했다. 그리고 아도르노 텍스트에 담겨 있는 몽환적인 배회와 맴돌기, 지하세계로의 극적인 여행, 그리고 텅 빈 공간의 폭발을 추적하고자 했다. 여기에는 20세기의 가장 영향력 있는 철학적 개념 중 하나를 해독할 수 있는 기호들이 포함되었다. 나폴리 만의 섬뜩하고 놀랍도록 아름다운 풍경, 아말피 해안의 악마들과 나폴리의 빛나는 문화, 주민들의 차분

함과 방문객의 환상, 공동체적 박동에서 나오는 연대의 약속, 그리고 사람들이 현재로 옮겨온 깊고 어두운 과거의 공포 등이 그런 것들이다.

주(註)

들어가는 글: 풍경이 철학이 될 때

1. Adorno, *Aspects of the New Right-Wing Extremism*.
2. Pabst, *Kindheit in Amorbach*; Steinert, *Adorno in Wien*; 아도르노의 미국 체류 시기에 대한 연구로는 다음 문헌들이 있다. Ziege, *Antisemitismus und Gesellschatstheorie*; Jenemann, *Adorno in America*.
3. *Adorno: Eine Bildmonographie*, ed. Theodor W. Adorno Archive, 206ff.
4. Von Haselberg, "Wiesengrund-Adorno", pp. 7-21, 특히 p. 16.
5. Adorno and Berg, *Briefwechsel, 1925-1935*, p. 33.

1장 행복의 섬

1. La Capria, "Neapel als geistige Landschaft", p. 8.
2. Ibid.
3. Ibid.
4. Enzensberger, "Eine Theorie des Tourismus", pp. 190ff.
5. Kracauer, "Die Wartenden", p. 383.
6. Wiggershaus, "Friedrich Pollock", pp. 751ff.
7. Horkheimer, "L'île heureuse", p. 302.
8. Savino, *Capri*, pp. 6-7.
9. Sohn-Rethel, "Einige Unterbrechungen", p. 249.
10. Ibid. pp. 249ff.
11. Sohn-Rethel, "Aus einem Gespräch", p. 8.
12. Sohn-Rethel, "Exposee", p. 2.
13. Sohn-Rethel, "Aus einem Gespräch", p. 9.
14. Sohn-Rethel, *Erinnerung*.
15. Adorno and Horkheimer, *Briefwechsel, 1927-1969*, 1: 278.
16. Benjamin, *Gesammelte Briefe*, 2: 467.
17. Benjamin, "Zwei Gedichte", p. 105.
18. Benjamin, *Gesammelte Briefe*, 2: 433.
19. Ibid.

20 Ibid., p. 474.
21 Savinio, *Capri*, p. 26
22 Ibid.
23 Benjamin, *Gesammelte Briefe*, 2: 466.
24 Ibid., p. 473.
25 Sonnentag, *Spaziergänge*, p. 45에 따르면 그러하다. Cerio, *Capri*, pp. 155ff도 참조
26 "카프리에는 레닌에 필적하는 사람이 있었다. 그는 훌륭한 동지였고, 세상의 모든 일에 대해 지칠 줄 모르는 관심을 가졌고, 놀라울 정도로 온화한 성품의 쾌활한 사람이었다." Sonnentag, *Spaziergänge*, p. 37에서 인용. Kesel, *Capri*, p. 272와 Cerio, *Capri*, p. 57도 참조. 10월 혁명 이후 카프리는 혁명을 피해 온 난민들의 주요 입국 지점이기도 했다. Cerio, *Capri*, p. 95와 Money, *Capri*, p. 156 참조.
27 Lacis, *Revolutionär im Beruf*, p. 42.
28 이 사례로는 Kaulen, "Walter Benjamin und Asja Lacis"를 참조.
29 Benjamin, *Einbahnstraße*, p. 83; Benjamin, *Reflections*, p. 61.
30 벤야민과 라시스의 만남, 라시스가 벤야민에 끼친 영향에 대한 과소평가와 재평가 등에 대한 추가 설명은 다음을 참조. Kaulen, "Walter Benjamin und Asja Lacis" 및 Buck-Mores, *Dialectics of Seeing*, pp. 30ff.
31 Benjamin, *Gesammelte Briefe*, 2: 451ff.

2장 비극의 여행지

1 Adorno and Berg, *Briefwechsel, 1925-1935*, p. 24.
2 Ibid.
3 앞으로 Adorno, *Gesammelte Schriften*의 인용문은 GS로 줄이고 권과 쪽 번호를 부기한다. 이 인용문은 GS 11: 388에 있다. 영역판에서 인용하는 경우에는 독일어 원본의 쪽 번호를 병기한다. 이 인용문은 영역판 Adorno, *Notes to Literature*, pp. 332-47에 실린 에세이 "The Curious Realist: On Siegfried Kracauer", p. 332에서 인용.
4 Kracauer, *Der Detektiv-Roman*, p. 117. 이 인용문은 Kraucauer, *The Mass Ornament*, pp. 173-85의 에세이 "The Hotel Lobby", p. 173에서 인용.
5 Lowenthal and Kracauer, *In steter Freundschaft*, pp. 46ff.
6 Adorno and Kracauer, "Der Riss der Welt", p. 138.
7 Morgenstern, *Alban Berg und seine Idole*, p. 120.
8 Adorno and Krenek, *Briefwechsel*, pp. 8ff.
9 Adorno and Kracauer, "Der Riss der Welt", p. 9.
10 Löwenthal and Kracauer, *In steter Freundschaft*, p. 32.

11 Ibid., p. 54.
12 Ibid., p. 32.
13 Ibid., p. 59.
14 Adorno and Berg, *Briefwechsel, 1925-1935*, pp. 24ff.
15 Adorno and Kracauer, "Der Riss der Welt", p. 176.

3장 공통의 관심사

1 GS 20: 173ff.
2 Sohn-Rethel, "Einige Unterbrechungen", p. 282.
3 Benjamin, *Gesammelte Briefe*, 2: 459.
4 Ibid., 2: 461.
5 Lukács, *Geschichte und Klassenbewußtsein*, pp. 176ff; Lukács, *History and Class Consciousness*, p. 88. 아도르노의 이론과 루카치의 관계 분석에 대해서는 Braunstein, *Adornos Kritik* 참조.
6 Lukács, *Geschichte und Klassenbewußtsein*, p. 170; Lukács, *History and Class Consciousness*, p. 83.
7 Kracauer, "Die Reise und der Tanz", p. 219; Kracauer, "Travel and Dance", in *The Mass Ornament*, pp. 65-73; p. 70.
8 Benjamin, *Gesammelte Briefe*, 2: 482ff. 벤야민이 루카치의 『역사와 계급의식』을 접한 시기에 대한 논의는 Kaulen, "Walter Benjamin und Asja Lacis", p. 95 참조.
9 Benjamin, *Ursprung des deutschen Trauerspiels*, p. 350; Benjamin, *Origin of German Tragic Drama*, p. 175.
10 Ibid.
11 Benjamin, *Ursprung des deutschen Trauerspiels*, p. 246; Benjamin, *Origin of German Tragic Drama*, p. 66.
12 Kracauer, *Der Detektiv-Roman*, p. 122.
13 Lukács, *Die Theorie des Romans*, p. 55; Lukács, *Theory of the Novel*, p. 64.
14 Benjamin, One-Way Street의 한 부분인 "Imperial Panorama"의 초안 원고, in GS 4: 933; Benjamin, *Reflections*, p. 74.
15 Sohn-Rethel, "Aus einem Gespräch", p. 5.
16 Sohn-Rethel, "Eine Verkehrsstockung", p. 9.
17 Ibid., p. 15.

4장 납골당

1 Sohn-Rethel, "Eine Verkehrsstockung", p. 13.
2 Ibid., p. 14.
3 Sohn-Rethel, "Das Ideal des Kaputten", p. 37.
4 Goethe, *Italienische Reise*, p. 245.
5 Sohn-Rethel, "Das Ideal des Kaputten", p. 38.
6 Ibid., p. 36.
7 Benjamin, *Ursprung des deutschen Trauerspiels*, p. 351; Benjamin, *Origin of German Tragic Drama*, p. 175.
8 Benjamin, *Ursprung des deutschen Trauerspiels*, p. 246; Benjamin, *Origin of German Tragic Drama*, p. 66. 영역자 오스본(Osborne)은 'einen Mechanismus'를 'no mechanism'으로 오역했다.
9 "주관성은 심연으로 추락하는 천사처럼 알레고리에 의해 되살아나며, '신비로운 숙고'(*ponderación misteriosa*)에 의해 천국 안에, 신 안에 단단히 붙잡힌다." Benjamin, *Ursprung des deutschen Trauerspiels*, p. 408; Benjamin, *Origin of German Tragic Drama*, p. 235.
10 Benjamin and Lacis, "Neapel", p. 311; Benjamin, *Reflections*, p. 168. 나폴리의 공간적 구조와 사회상에 대한 최근 연구에서 다공성 범주가 가진 '부활'의 의미에 대해서는 Pisani, "Neapal-Topoi", 특히 p. 37 참조, 여기서 피사니는 나폴리를 설명하기 위해 다공성을 주제어(topos)로 사용하면 "그 실체가 무의미한 수준으로 희석된다"고 정확히 주장한다.
11 Benjamin and Lacis, "Neapel", p. 309; Benjamin, *Reflections*, p. 166.
12 Benjamin and Lacis, "Neapel", p. 316; Benjamin, *Reflections*, p. 172.
13 Bloch, "Italien und die Porosität", p. 509.
14 Mosebach, *Die schöne Gewohnheit*, p. 146.
15 Ibid., p. 138.
16 Ibid.
17 Benjamin and Lacis, "Neapel", p. 309; Benjamin, *Reflections*, p. 165.
18 Ibid.
19 Ibid. 다공 건축물이 남긴 유산에 대해서는 Maak, *Der Architekt am Strand*, pp. 194ff. 참조.
20 힐데가르트 브레너는 라시스의 책 직업은 혁명가에 실린 후기를 다음과 같이 시작한다. "아샤 라시스라는 이름은 그 역사적 관련성을 아는 사람이라면 20년 전에 이미 포함시켜야 마땅한데, 그렇게 되지 못했다. 1955년 벤야민 저작선이 출판되었을 당시 『일방통행로』에 있는 '리가의 여자친구에게'라는 헌정 문구는 삭제되었고, 「나

폴리」 에세이의 공저자인 라시스의 이름도 지워졌다."(Lacis, *Revolutionär im Beruf*, p. 121.) Kaulen, "Walter Benjamin und Asja Lacis"에서도 이 갈등을 기술하고 있다. 벤야민 저작선이 편향되었다는 공격에 대한 아도르노의 답변에 대해서는 GS 20: 182-86 참조.

21 Mosebach, *Die schöne Gewohnheit*, pp. 53ff.도 참조.
22 Benjamin and Lacis, "Neapel", p. 310; Benjamin, *Reflections*, p. 167.
23 Lacis, *Revolutionär im Beruf*, p. 33.
24 Benjamin, "Zwei Gedichte", p. 112.
25 이러한 연결 기법은 벤야민이 박사논문을 쓸 때 초기 독일 낭만주의를 연구하는 과정에서 얻은 부산물일 것이다. 독일 초기 낭만주의에서 나타나는 '연결'에 대해서는 Menninghaus, *Unendliche Verdopplung*, pp. 179ff. 참조.
26 데틀레프 쇼트커는 벤야민에게 영향을 준 또 다른 문건을 지적했는데, 이것이 '나폴리'라는 성좌를 구성하는 새로운 용도로 쓰였을 것이라고 한다. "벤야민은 늦어도 1924년에 구성주의에 접하게 되는데, 트리스탄 차라(Tristan Tzara)가 쓴 사진작가 만 레이에 관한 짧은 글을 구성주의 저널 G에 번역해 실을 때였다." Schottker, *Konstruktiver Fragmentarismus*, p. 158.
27 Benjamin, *Gesammelte Briefe*, 2: 480.
28 벤야민은 한 편지에서 "그는 도둑질하는 습관을 고치지 못한다"라고 쓴 적이 있다. Benjamin, *Gesammelte Briefe*, 2: 511.
29 「나폴리」 글의 예비 초고를 보면, "결정적인 도장은 피한다!"라는 항목 바로 앞에서 이탈리아식 식당 출입 방식과 독일식 테이블 차지 방식에 대한 대비가 나온다. Benjamin and Lacis, "Neapel", The National Library of Israel, ARC.4° 1598/96, p. 4.
30 Bloch, "Italien und die Porositat", p. 515.
31 Ibid., p. 513.
32 Ibid., p. 514.
33 Ibid., p. 508.
34 수전 벅모스는 이것을 일종의 문체 실험으로 본다. "유머나 오락성이 부족하지는 않다. 노골적인 정치적 메시지도 없다. 오히려 독자들은 거의 눈치 채지 못하지만, 도시를 걷는 사람이 수집한 이미지가 어떻게 이상주의적 문체 양식의 결에 반하여 해석될 수 있는지에 대한 실험이 진행되고 있는 것이다. 이 이미지는 주관적인 인상이 아니라 객관적인 표현이다." Buck-Morss, *Dialectics of Seeing*, p. 27.
35 Priliminary draft of Benjamin and Lacis, The National Library of israel, ARC.4, 1598/96. 클라우스 가버는 그의 책에서 다음과 같이 지적하고 있다. "벤야민은 자신의 텍스트를 단 다섯 개의 섹션으로 구성했습니다. (각 섹션은 빈 줄로 나뉘어 있다.) 텍스트를 수많은 섹션으로 분할한 것은 신문에 게재할 목적으로 편집자가 수정한 것이다." Klaus Garber, *Zum Bilde Walter Benjamins*, p. 175

36 맥길은 연극에 대한 벤야민의 관심이 그의 문체 변화에도 영향을 주었다고 주장한다. "그는 연극을 단순히 문학적 연구와 해석의 대상으로 삼는 데서 벗어나, 자기 고유의 텍스트를 구성하는 과정에서 일종의 즉흥극을 직접 실연하고자 했다. 『일방통행로』에서 『파사주 프로젝트』(아케이드 프로젝트)라는 방대한 미완성작에 이르기까지 벤야민은 철학적 논증을 선형적으로 제시하는 대신, 전체 줄거리와 일관된 연출이 없는 즉흥극에서 주제에 따라 수많은 장면을 연결하는 것처럼, 경구적이거나 세밀하게 관찰된 구절들의 연속으로 이루어진 텍스트를 만들기 시작했다." McGill, "porous Coupling", p. 64. 맥길에게 있어 '다공성'은 벤야민이 라시스와 협업할 때 젠더라는 고정관념의 전치를 상징하는 은유이기도 하다. (Ibid., p. 70.)

37 그램 질로크는 그의 논평에서 문학 형식이 "대도시 생활의 리듬과 템포를 모방한다"고 지적한다. Gilloch, *Myth and Metropolis*, p. 24. 벤야민은 「나폴리」 에세이 이후 이 모방론을 한 단계 더 발전시켜서 『일방통행로』라는 책 자체를 하나의 거리처럼 구성했다고 말한다. "나의 '아포리즘'은 그 자체로 특이한 조직 또는 구조, 즉 거리가 되었다." Benjamin, *Gesammelte Briefe*, 3: 197. 또한 Schottker, *Konstruktiver Fragmentarismus*, pp. 181ff. 참조

38 Bredekamp, *Darwins Korallen*.

39 이 주제에 관해서는 Deleuze and Guattari, "Introduction"을 추가로 참조.

5장 화산석의 음악

1 Benjamin and Lacis, "Neapel", p. 316; Benjamin, *Reflections*, pp. 172-73.
2 Adorno, "So müßte ich ein Engel", p. 97.
3 Adorno and Kracauer, "Der Riss der Welt", p. 111.
4 Adorno and Berg, *Briefwechsel, 1925-1935*, p. 59.
5 Ibid., p. 39.
6 Ibid. 강조 따옴표는 원문에서.
7 Ibid., p. 43.
8 Ibid., p. 44.
9 GS 13: 393.
10 GS 13: 33,
11 GS 13: 43.
12 GS 11: 471.
13 GS 11: 28, 31, 32.
14 GS 7: 541.

6장 성좌(星座)

1 모스크바를 다룬 벤야민의 에세이에서 다공성의 개념은 프리즘, 투과성, 성좌 등의 후속 용어로 대치되었다. Benjamin, "Moskau", 특히 pp. 319, 330, 335. 『아케이드 프로젝트』에서도 다공성이라는 용어는 주석에 딱 한번 등장하고 그 유토피아적 의미가 사라졌다. Benjamin, *Das Passagen-Werk*, p. 292.

2 Lukács, *Die Theorie des Romans*, p. 21; Lukács, *Theory of the Novel*, p. 29.

3 Benjamin, *Goethes Wahlverwandtschaften*, pp. 200ff.

4 Benjamin, *Ursprung des deutschen Trauerspiels*, p. 214; Benjamin, *Origin of German Tragic Drama*, p. 34.

5 Benjamin, *Ursprung des deutschen Trauerspiels*, p. 934.

6 Kleinwort, "Zur Desorientierung", 특히 p. 104 참조.

7 Benjamin, *Ursprung des deutschen Trauerspiels*, p. 215; Benjamin, *Origin of German Tragic Drama*, p. 34.

8 Benjamin, *Ursprung des deutschen Trauerspiels*, p. 879, 아울러 Buck-Morss, *Dialectics of Seeing*, pp. 15-20 참조.

9 노르베르트 볼츠와 리하르트 파버는 그들의 책에서 "벤야민의 카프리 체류와 라치스와의 만남"이 어떻게 이 새로운 방향성을 만들어냈는지를 논하고 있다. Norbert Bolz and Richard Faber, *Antike und Moderne*, p. 16.

10 "그것은 단순히 마지막 '국면'에서만 표현되지 않는다. 그보다는 비애극이 지닌 풍자의 '이념'이 결론부 문장에 포함되어 있지 않음에도 그것을 비춰주는 그 모든 것들의 성좌를 통해 표현된다." Menninghaus, *Walter Benjamins Theorie*, p. 97.

11 GS 11: 571; Adorno, *Notes to Literature*, p. 223.

12 GS 1: 335. 이 진술은 상품 형식이 가진 구조가 차츰 드러나면서 그 미스터리가 해소되는 마르크스 『자본』의 서술 방식을 상기시킨다. Karl Marx, *Das Kapital*, p. 63.

13 아도르노 자신도 다음과 같이 주장했다. "변증법적 이미지는 소외된 사물들과 미완의 의미 사이의 성좌이며, 죽음과 의미 사이의 무관심의 순간에 정지되어 있다." Adorno and Benjamin, *Brietwechsel, 1928-1940*, p. 152. 벤야민도 이미 성좌와 변증법적 이미지를 연결시킨 바 있다. 예를 들어 프리틀란더는 「인식비판적 서문」에 나오는 성좌를 벤야민의 변증법적 이미지에 대한 자신의 해석에 자연스럽게 포함시킨다. Friedlander, "Measure of the Contigent," 특히 pp. 10ff.

14 러시아 형식주의가 아샤 라시스를 통해 연결되었을 수도 있다. 이 문제에 대해서는 벤야민의 「이야기꾼」(Der Erzähler)에 등장하는 인물인 니콜라이 레스코프가 러시아 형식주의의 주역 중 한 명인 보리스 아이켄바움(Boris Eikenbaum)을 연상케 한다는 유리 슈트리터의 논평을 참조할 것. Striedter, "Zur formalistischen Theorie", 특히 p. lvii.

7장 그림엽서

1 Richter, "Das blaue Feuer der Romantik", p. 78.
2 Fontane, *Werke*, 2: 488.
3 Benjamin, *Gesammelte Schriften*, 6; 694. 아울러 Walter Benjamin Archiv, ed., *Bilder, Texte und Zeichen*, p. 138 참조. 후자는 Benjamin, *Gesammelte Briefe*, 3: 177에 포함되어 출판.
4 GS 17: 23.
5 1925년 3월 22일자 그림엽서, Deutsches Literaturarchiv Marbach, letters to Ernst Georg and Lily Jünger, access number: HS.2005.0060.
6 GS 17: 80.
7 GS 17: 26.
8 GS 17: 25.
9 GS 17: 23.

8장 해골과 유령

1 Savinio, *Capri*, p. 44.
2 La Capria, "Neapel als geistige Landschaft", p. 9.
3 Ibid.
4 Gruner, "Ein Schicksal", p. 112에서 인용.
5 Reich, *Im Wettlauf*, p. 275에서 인용.
6 Benjamin, review of Job, *Neapel*, p. 133.
7 Kracauer, review of von Hatzfeld, *Positano*, p. 6.
8 ibid.에서 인용.
9 Adorno and Kracauer, "Der Riss der Welt", p. 174.
10 Ibid., p. 176.
11 Kracauer, "Felsenwahn in Positano", p. 297.
12 Ibid.
13 Ibid., p. 298.
14 Marx, *Das Kapital*, p. 90; Marx, *Capital*, p. 169.
15 Marx, *Das Kapital*, p. 87; Marx, *Capital*, p. 165.
16 Marx, *Das Kapital*, p. 86; Marx, *Capital*, p. 165.
17 Marx, *Das Kapital*, p. 91; Marx, *Capital*, p. 170.

18 Sohn-Rethel, *Erinnerungen*.
19 베데커의 여행 안내서에 따르면, 2층 입구의 등록 창구에 방문자 카드가 비치되어 있었다. Baedeker, *Italien von den Alpen bis Neapel*, p. 378.
20 이런 발견에 도움을 준 크리스티아네 그뢰벤(Christiane Groeben)에게 감사한다.
21 Kracauer, "Felsenwahn in Positano", p. 303.
22 *Leitfaden für das Aquarium der Zoologischen Station zu Neapel*, p. 85.
23 Klee, *Briefe an die Familie*, 1: 220. 그는 일기에서 "응고된 모습의 천사처럼 작은 동물 '투명한 영혼'"이라고 썼다. Klee, *Tagebücher*, p. 123. 파울 클레가 '응고되었다'는 뜻으로 사용한 형용사(gallertartig)는 마르크스가 『자본』에서 사용한 용어 '응고'(Gallerte)를 연상시킨다.
24 Marx, *Das Kapital*, p. 52; Marx, *Capital*, p. 128. 이와 비슷하게 블루멘베르크는 '유동성'이라는 용어를 통해 물과 화폐 사이의 관계에 대해 언급하고 있다. Blumenberg, *Schiffbruch mit Zuschauer*, p. 11. 마르크스는 이러한 응고 물질에 대해 '노동 응고물'(Arbeitsgallerte)이라는 용어를 사용한다.
25 Sohn-Rethel, "Exposee", p. 72.
26 Ibid., p. 73.
27 Hagen, "Davor hatte ich eine instinktive Abzirkelung", p. 4.
28 *Neapel und Umgebung*, p. 19. 이 여행 안내서는 마르바흐의 독일문학 아카이브에 있는 크라카우어 문고에 포함되어 있으며, 'Krac:5'로 분류되어 있다. 그 책갈피 안에서 발견된 두 개의 입장권―1925년 9월 24일자 소인이 찍혀 있다―은 크라카우어와 아도르노가 여행에서 이 책을 소지하고 다녔음을 알게 해준다. 베데커 여행 안내서에는 이 전시실이 "해무넌 해양생물 수장고(모스트라) 건너편에 위치하고 있다"고 적혀 있다. Baedeker, *Italien von den Alpen bis Neapel*, p. 378.
29 Heuss, *Anton Dohrn in Neapel*, p. 156. 로 비앙코에 대해서는 다음 책에 더 자세한 소개가 있다. Douglas, *Looking Back*, pp. 180-82.
30 작가이자 자연과학자인 게오르크 뷔히너(Georg Büchner)도 1936년 스트라스부르에서 어류의 신경조직을 연구하던 중에 똑같은 문제에 부딪쳤다. 준비작업 과정에서 알코올을 사용하면 매우 중요한 색깔의 차이가 사라져버렸기 때문이다.
31 "알코올로 보존된 표본에서는 이런 조직을 구분하는 것이 불가능하다." Georg Büchner, "Memoire sur le systeme nerveux du Barbeau", p. 27. 아울러 Roth, *Georg Büchners*, p. 75 참조.
32 Heuss, *Anton Dohrn in Neapel*, p. 156. 따라서 아도르노는 나폴리에 머물 때 로 비앙코의 표본을 처음 접한 것은 아닌 것으로 추측된다. 1873년 프랑크푸르트의 젱켄베르크 자연연구소가 발행한 보고서는 다음과 같이 기록하고 있다. "유명한 곤충학자의 아들인 A 도른 교수는 과학 연구에 극히 유익한 아이디어를 실행에 옮겼다. 즉 풍요롭고 화려한 지중해 연안인 나폴리에 수족관을 설립하여 국제적인 규모의 생리학적 관찰과 연구 기지로 삼은 것이다. 이 목적을 위해 마르쿠스 골드슈미트 씨는

1,000탈러(thaler)에 달하는 자금을 빌려주면서 이자 수익은 매년 현물 형태로 지급하여 젱켄베르크 자연연구소가 활용할 수 있도록 요청했다. 오늘 그 첫 번째 이자가 이곳에 도착했다." Von Fritsch, *Bericht über die Senckenbergische*, p. 11. 이러한 현물 이자는 그 이후에도 계속 지불되었을 것이다. 아도르노는 어린 시절에 젱켄베르크 자연연구소를 방문한 기록이 있는데(Pabst, *Kindheit in Amorbach*, p. 94), 아마도 투명한 용기에 담긴 무서운 생명체를 관찰했을 것이다.

9장 죽은 것들에 주입된 의미

1 Boch, "Italian und die porositat", pp. 513ff. 디터 리히터의 다음 언급을 참조할 것. "발터 벤야민과 에른스트 블로흐의 유명한 '다공성' 범주는 소외라는 근대적 현상에 대한 도시적이고 지적인 대항 프로젝트의 초안임이 분명하다." Richter, *Neapal*, p. 235.

2 GS 1: 364. Adorno, "Idea of Natural History", pp. 123-24.

3 D'Iorio, *Le voyage de Nietzsche*.

4 Colli and Montinari, eds., *Briefe an Friedrich Nietzsche*, 1: 320.

5 Nietzsche, *Digitale Kritische Gesamtausgabe*, §3 eKGWB/EH-MA-3.

6 Ibid., §6 eKGWB/EH-MA-3.

7 Theodor W. Adorno Archiv, ed., "Adornos Seminar", p. 56.

8 *Neapel und Umgebung*, p. 76.

9 Baedeker, *Italien van den Alpen bis Neapel*, p. 426. 아울러 Fiorentino, *Memorie di Sorrento*, pp. 177ff. 참조.

10 Benjamin, *Ursprung des deutschen Trauerspiels*, p. 359; Benjamin, *Origin of German Tragic Drama*, p. 183.

11 Lo Bianco, "Metodi usati".

12 Schiemenz, review of Lo Bianco's *Metodi usati*, p. 54.

13 *Leitfaden für das Aquarium der Zoologischen Station zu Neapel*, p. 54,

14 Benjamin, *Ursprung des deutschen Trauerspiels*, p. 359; Benjamin, *Origin of German Tragic Drama*, p. 184.

15 Benjamin, "Möbel und Masken", p. 478.

16 Ibid.

17 Ibid., p. 477,

18 GS 17: 21.

19 Benjamin, *Ursprung des deutschen Trauerspiels*, p. 388; Benjamin, *Origin of German Tragic Drama*, p. 215.

20 GS 2: 77; Adorno, *Kierkegaard*, p. 52.
21 Adorno and Benjamin, *Briefwechsel, 1928-1940*, p. 152.
22 GS 2: 119; Adorno, *Kierkegaard*, p. 83.
23 Habermas, *Der philosophische Diskurs*, p. 144; Habermas, "Entwinement of Myth and Enlightenment", p. 119.
24 Kracauer, "Der verbotene Blick", p. 226.
25 Ibid., p. 227.
26 GS 17: 15ff.; Adorno, *Beethoven: The Philosophy of Music*, p. 125.

10장 폭파로 얻은 삶의 공간

1 Szeemann, "Gilbert Clavel", p. 249.
2 토마스 슈미트(Thomas Schmitt)와 토마스 슈타인펠트(Thomas Steinfeld)는 카프리에 관한 다큐멘터리, *Exil, Eden, Endstation*을 제작하면서 이러한 구성 형식을 따랐다.
3 Sonnentag, *Spaziergange*, p. 64.
4 Kantorowicz, *Meine Kleider*, p. 37.
5 Staatsarchiv Basel, PA 969, letter to the editors of *Annalen*, 1925년 9월 30일자.
6 Kracauer, "Felsenwahn in Positano", p. 299.
7 Staatsarchiv Basel, PA 969, letter to the editors of *Annalen*, 1925년 9월 30일자.
8 Ibid.
9 *Berliner Illustrirte Zeitung* 33, no. 45 (1924. 11. 9): 1344. 또 1938년에 *Hamburger illustrierte*는 "당신도 이렇게 살고 싶습니까?"라는 제하에 호화로운 삽화가 들어간 두 쪽짜리 증보판 기사를 내기도 했다. *Hamburger Illustrierte* 20, no. 41 (1938. 10. 1): 6ff.
10 Cerio, *Mein Capri*, p. 29. 르네 클라벨은 "석회암으로 이루어진 재료는 너무 단단해서 폭파 외에는 다른 방법이 없었다"고 썼다. Staatsarchiv Basel, PA 969, letter to the editors of *Annalen*, 1925년 9월 30일자.
11 Grotzinger and Jordan, *Understanding Earth*, p. 131.
12 Nachlass, Staatsarchiv Basel, PA 969, 1926년 3월 29일자 편지.
13 Szeemann, "Gilbert Clavel", p. 284. 클라벨은 또한 이러한 텅 빈 공간에 형이상학적 자부심을 부여했다. "나는 파고 또 파고 싶지만, 두더지 굴을 만들고 싶지는 않다. 나는 모두가 들여다 볼 수 있는 넓게 열린 구덩이(갱도)를 만들고 싶다. 빛이 깊은 곳으로 널어지면 황금과 같은 빛이 펼쳐질 것이다. 빛이 없으면 그곳은 죽음이다." 1911년 11월 12일자 일기, Nachlass, Staatsarchiv Basel, PA 969.

14 Clavel, *Mein Bereich*, p. 39.
15 Szeemann, "Gilbert Clavel", p. 278.
16 Kracauer, "Felsenwahn in Positano", p. 299.
17 Ibid.
18 Clavel, *Mein Bereich*, p. 23.

11장 분화구 탐험

1 오페라 〈보체크〉의 서술집 장면에서 아도르노는 "휠덜린적 의미에서의 중간휴지(caesura)"와 "표현 공백"이라는 용어를 사용했다. Adorno and Berg, *Briefwechsel, 1925-1935*, p. 51. 이 용어는 괴테의 『선택적 친화력』에 대한 벤야민의 평론에 등장한 것인데, 이전에 그는 이 용어 사용을 크게 비판한 바 있다.
2 Ibid., pp. 74ff.
3 GS 18: 462.
4 Adorno and Berg, *Briefwechsel, 1925-1935*, p. 58.
5 Benjamin and Lacis, "Neapel", p. 309; Benjamin, *Reflections*, p. 166.
6 Adorno and Berg, *Briefwechsel, 1925-1935*, p. 75.
7 Ibid., pp. 87ff.
8 GS 18: 461.
9 GS 18: 474.
10 Kant, *Kritik der Urteilskraft*, p. 107.
11 Ibid.
12 Ibid., p. 106.
13 Groys, "Die Stadt im Zeitalter", p. 191.
14 '토머스 쿡 앤드 선즈' 전기철도 회사의 1924년 여행안내서는 다음과 같이 쓰고 있다. "그리고 이제 쿡 회사가 설치한 전기철도 덕분에 여행이 매우 편리하고 만족스러워졌다. 몸이 약한 여행자들도 큰 피로를 느끼지 않고 방문할 수 있게 되었다." *Cook's Handbook*, p. 84.
15 Smith, "Thomas Cook", 특히 p. 14.
16 Richter, *Neapel*, p. 189.
17 Szeemann, "Gilbert Clavel", p. 287.
18 Sohn-Rethel, "Vesuvbesteigung 1926", p. 28.
19 Baedeker, *Unteritalien*, p. 136.
20 Sohn-Rethel, "Vesuvbesteigung 1926", p. 30.
21 Kracauer, "Felsenwahn in Positano", p. 296.

22 Hegel, *Enzyklopädie der philosophischen*, 8: 60.
23 GS 17: 21.
24 불행히도 두 번째 절은 *Gesammelte Schriften* 판에서는 이와 같은 형식으로 배치되지 않았고, *Moments Musicaux*의 1964년 판도 역시 마찬가지인데, 이는 두 판본에서 조판이 들여쓰기를 생략하고 이전 줄이 오른 쪽 맞춤으로 되어 있기 때문이다. 이 절은 *Die Musik* 1(1928)에 실린 초판의 인쇄 이미지처럼 "but crystalline"(17, 23)라는 단어 다음에서 시작되어야 한다. Adorno, *Moments musicaux*, p. 23 참조.
25 GS 17: 25.
26 이 부분과 이하의 인용은 GS 17: 27, 28.

12장 파시즘은 어디에서 기원하는가

1 Benjamin, *Gesammelte Briefe*, 2: 480.
2 Sohn-Rethel, *Das Ideal des Kaputten*, p. 33.
3 "음울한 상자 같은 북유럽 주택"은 Benjamin and Lacis, "Neapel", p. 310, Benjamin, *Reflections*, p. 167; "쏟아져 나오는"은 Benjamin and Lacis, "Neapel", p. 314, Benjamin, *Reflections*, p. 171; "길거리와 집"은 Benjamin and Lads, "Neapel", p. 315, Benjamin, *Reflections*, p. 172; "공적 영역"은 Bloch, "Italien und die Porosität", p. 510에서 각각 인용.
4 Benjamin, *Einbahnstraße*, p. 89; Benjamin, *Reflections*, pp. 64-65.
5 Kracauer, "Felsenwahn in Positano", p. 300.
6 Ibid., pp. 299ff.
7 Douglas, *Looking Back*, p. 35.
8 Emil Henk, typescript, p. 2. Staatsarchiv Basel, Nachlass Gilbert Clavel.
9 "우리는 이제 막 생식과 출산에 대해서 이야기를 시작했으므로 이 기회를 빌어 클라인휘닝겐에 있는 보존용기에 보관된 내 오래된 고환을 상기시키고 싶습니다. 나는 어머니에게 정자가 마르지 않도록 적당량의 액체(포름알데히드나 방부제 등)을 계속 부어야 한다고 말했습니다. 나중에 금 가격이 다시 내려가면 내 정자를 담은 황금 캡슐을 만들어서 부적처럼 내 호주머니에 넣고 다닐 것입니다. 때가 되면 나도 이것을 미녀의 손에 쥐어주면서 이게 무엇인지 알아맞혀보라고 할 것입니다." Szeemann, "Gilbert Clavel", p. 100.
10 Ibid., pp. 280ff.
11 Kracauer, "Felsenwahn in Positano", p. 300.
12 Szeemann, "Gilbert Clavel", p. 288.
13 Kracauer, "Felsenwahn in Positano", p. 300.

14 *Berliner Illustrirte Zeitung* 33, no. 45 (1924년 11월 9일자): 1344.

15 Gumnior and Ringguth, *Horkheimer*, p. 16에서 인용.

16 Wiggershaus, "Friedrich Pollock", p. 750.

17 Ibid., p. 754.

18 필립 렌하르트(Philipp Lenhard)가 편집한 폴록 선집과 그가 쓴 전기 *Friedrich Pollock*을 그 예로 들 수 있다.

19 Gangl, "Staatskapitalismus und Dialektik", 특히 p. 159.

20 Wiggershaus, "Friedrich Pollock", p. 755.

21 Adorno and Horkheimer, *Briefwechsel, 1927-1969*, 2: 139ff.

22 이 논의는 새로운 경제 체제에 대한 정확한(보다 명료하게 정의된) 용어를 위한 더 광범위한 논쟁에 흡수되었다. 자세한 것은 Wiggershaus, *Die Frankfurter Schule*, pp. 314ff 참조. 비거스하우스는 이 경제 체제를 분석하는 데 있어서 정확한 기술적 용어—국가자본주의인가, 독점자본주의인가—에 대한 지속적인 논쟁(주로 폴록과 프란츠 노이만 사이에서 벌어진 논쟁)은 단순한 "단어에 대한 논쟁"에 불과했다고 지적한 바 있다. ibid, p. 324.

23 Gangl, "Staatskapitalismus und Dialektik", p. 159.

24 GS 4: 64.

25 Sohn-Rethel, *Erinnerungen*.

26 Kant, *Metaphysics of Morals*, p. 277.

27 마르쿠스 팔부시는 다음과 같이 썼다. "「재즈에 관하여」에세이의 수용 역사는 이 글이 가장 어렵고 문제적인 아도르노 텍스트의 하나임을 인식케 한다. 이 글은 격렬한 비판과 정중한 무시를 동시에 받았지만, 실제 재즈 이론에 대한 실질적인 기여로 진지하게 받아들여지는 경우는 거의 없었다." Fahlbusch, "Über Jazz", p. 20. 아울러 Steinert, *Die Entdeckung der Kulturindustrie* 참조.

13장 망가진 것들의 보물창고

1 Richter, "Das blaue Feuer der Romantik", p. 88에서 인용.

2 Ibid., p. 80.

3 Machatschek, *Golf von Neapel*, pp. 246ff.

4 Steinfeld, *Der Arzt von San Michele*, pp. 176ff.

5 Kempter, "Nachwort", 특히 p. 99. Richter, "Friedrich Alfred Krupp auf Capri", p. 175. 또한 노먼 더글러스가 그의 회고록에 쓴 맹렬한 옹호도 참조할 것. Norman Douglas, *Looking Back*, pp. 182ff.

6 Gregorovius, *Wanderjahre in Italien*, 3: 23.

7　Andersen, *Aus Andersens Tagebüchern*, p. 189. Gay, *Bourgeois Experience*, 1: 112에서 재인용.
8　Geoffrey Wall, trans., "Gustave Flaubert: Eleven Letters", p. 227에서 인용. 이 구절은 플로베르가 카미유 로지에(Camille Rogier)에게 쓴 1851년 3월 11일자 편지에 나온다.
9　Munthe, *Story of San Michele*, p. 126.
10　Benjamin and Lacis의 초고, "Neapel", The National Library of Israel, ARC.4° 1598/96, p. 1.
11　Benjamin and Lacis, "Neapel", p. 316; Benjamin, *Reflections*, p. 173.
12　GS 17: 95; Adorno, "On Jazz", p. 488.
13　GS 17: 76; Adorno, "On Jazz", p. 471.
14　GS 17: 86; Adorno, "On Jazz", p. 480.
15　GS 17: 78; Adorno, "On Jazz", p. 473.
16　GS 17: 79; Adorno, "On Jazz", p. 475.
17　GS 17: 80ff.; Adorno, "On Jazz", p. 476.
18　GS 17: 81; Adorno, "On Jazz", p. 476.
19　"스탠더드적인 리듬과 스탠더드적인 폭발적 분출의 형식을 통해 해방되는 것은 오래되고 억압된 본능이 아니다. 오히려 여기서는 새롭지만 억압되고 훼손된 본능이 먼 과거의 사람들이 쓴 가면으로 굳어지고 있는 것이다." GS 17: 84; Adorno, "On Jazz", p. 478.
20　GS 17: 84; Adorno, "On Jazz", p. 478.
21　GS 17: 86; Adorno, "On Jazz", p. 480.
22　GS 17: 87; Adorno, "On Jazz", p. 481.
23　GS 17: 89; Adorno, "On Jazz", p. 483.
24　GS 17: 89; Adorno, "On Jazz", pp. 482-83. 이 절의 작은 예시는 아도르노의 초기 성좌 모델과 현재 모델 사이의 변화를 잘 보여준다. 키르케고르에 대한 그의 책에서 인쇄상의 오류는 여전히 표현의 주관적 욕구로부터 자신을 해방시키는 암호였으며, 따라서 미학의 성좌를 구성하는 하나의 요소였다. 재즈에 대한 글에서 그런 오류는 비브라토에 속하는데, 비브라토는 겉보기만의 아마추어리즘을 통해 경직성을 완화하려는 의도가 있다고 한다.
25　GS 17: 91; Adorno, "On Jazz", p. 484.
26　"재즈에서의 간섭 현상을 널리 퍼져 있는 고정된 양식 개념으로 본다면, 살롱 음악과 행진곡이 결합된 양식이라고 주장할 수도 있을 것이다. 전자는 개별성을 가리키는데, 사실 이것은 사회적으로 생산된 착각에 불과한 것이다. 후자 역시 원자들에 가하는 힘에 의해 그것들을 정렬하는 효과 외에는 아무것도 형성하지 않는 허구적 공동체에 불과하다." GS 17: 91ff.; Adorno, "On Jazz", p. 485.

27 GS 17: 92; Adorno, "On Jazz", p. 486.
28 GS 17: 93; Adorno, "On Jazz", p. 486.
29 GS 17: 95; Adorno, "On Jazz", p. 488.
30 GS 17: 93; Adorno, "On Jazz", p. 486.
31 GS 17: 96; Adorno, "On Jazz", p. 488.
32 Sohn-Rethel, "Das Ideal des Kaputten", p. 36.
33 Ibid., p. 38.
34 GS 4: 52; Adorno, *Minima Moralia*, p. 47.
35 Adorno and Horkheimer, *Briefwechsel, 1927-1969*, 1: 173.
36 Ibid., 1: 160.
37 Adorno and Horkheimer, *Briefwechsel, 1927-1969*, 1: 170.
38 Ibid., 1: 169.
39 Ibid., 1:. 173,
40 GS 11: 100; Adorno, "On Jazz", p. 491.
41 Ibid.

14장 해변으로 밀려온 세이렌들

1 Szeemann, "Gilbert Clavel", p. 256.
2 Ibid., p. 260.
3 Norton, *Leonide Massine*, p. 278.
4 Spina, "Der Mythos der Sirene Parthenope", pp. 23-27.
5 이탈리아 작가 쿠르치오 말라파르테의 소설에 따르면, "이후에 이 요정은 장군들의 만찬에서 은쟁반에 담겨서 '마요네즈를 뿌린 세이렌'으로 제공되었다." Curzio Malaparte, *The Skin*, p. 225 및 p. 227.
6 Adorno, *Briefe an die Eltern, 1939-1951*, p. 294.
7 Ibid.
8 "한때 오디세이의 여행을 도왔던 헤엄치는 '고대성'이 이제는 고정된 침대가 되고 말았다." Kracauer, "Felsenwahn in Positano", p. 297.
9 GS 3: 31; Adorno and Horkheimer, *Dialectic of Enlightenment*, p. 10.
10 GS 3: 31; Adorno and Horkheimer, *Dialectic of Enlightenment*, pp. 10-11.
11 GS 7: 489ff.; Adorno, *Aesthetic Theory*, p. 331.
12 타자로 친 초고에서 각 절들은 별표 기호로 명확하게 구분되어 있다. Theodor W. Adorno Archiv, Frankfurt am Main, Ts 0498, pp. 18 and 33.

13 GS 3: 58; Adorno and Horkheimer, *Dialectic of Enlightenment*, p. 32.

14 GS 3: 60; Adorno and Horkheimer, *Dialectic of Enlightenment*, p. 34.

15장 피의 기적

1 정확한 여행 날짜는 확인하기 힘들다. 1925년 9월 12일, 아도르노는 카프리에서 베르크에게 편지를 보냈고, 9월 24일에는 포시타노에 머무르고 있었다. 그의 기록에 의하면 여행 일정을 나폴리에서 시작한 이후, 떠나기 직전에도 나폴리에 머물렀지만, 9월 19일에는 나폴리에 머물지 않은 것으로 보인다.

2 GS 3: 203; Adorno and Horkheimer, *Dialectic of Enlightenment*, p. 147.

3 GS 3: 95; Adorno, *Dialectic of Enlightenment*, p. 59.

4 아도르노의 슈베르트 평론 제사(題詞)에 나오는 '피의 강물'은 몇 안 되는 예외 중 하나이다. 빈프리트 메닝하우스는 벤야민의 피 없는 파괴와 관련하여, "피에 대한 벤야민의 체계적인 평가절하는 모든 종류의 생물학적 인종주의에 반대하는 것처럼 보인다"고 평했다. Menninghaus, "Das Ausdruckslose", p. 67.

5 GS 3: 91; Adorno and Horkheimer, *Dialectic of Enlightenment*, p. 56.

6 Adorno, *Briefe an die Eltern, 1939-1951*, p. 190.

7 GS 3: 94; Adorno and Horkheimer, *Dialectic of Enlightenment*, p. 59.

8 GS 11: 39; Adorno, "On Epic Naiveté", in *Notes to Literature*, pp. 48–52. 이 구절은 특히 p. 52에 나온다.

9 GS 2: 65. Adorno, *Kierkegaard: Construction of the Aesthetic*, p. 43.

10 GS 11: 34; Adorno, "On Epic Naiveté", p. 48.

11 Ibid.

12 Ibid.

13 메타포의 역사에 대해서는 Blumenberg, *Schiffbruch mit Zuschauer*, p. 56 참조.

14 Platthaus, *Hollenfahrten*, pp. 95ff. 참조.

15 GS 3: 95; Adorno and Horkheimer, *Dialectic of Enlightenment*, p. 59.

16 Ibid.

16장 포시타노의 예언

1 "The Scribble-In-Book I", Theodor W. Adorno Archiv, Frankfurt am Main, ms. 19.
2 GS 10: 257; Adorno, "Notes on Kafka", pp. 246-47.
3 GS 10: 267. Adorno, "Notes on Kafka", p. 254.
4 GS 10: 268. Adorno, "Notes on Kafka", p. 256.
5 GS 10: 273. Adorno, "Notes on Kafka", p. 259.
6 GS 17: 18.

17장 나폴리 이후

1 Gumbrecht, *In 1926*.
2 Adorno and Sohn-Rethel, *Briefwechsel, 1936-1969*, pp. 150ff.
3 Ibid., pp. 152ff.

에필로그

1 GS 20: 583-84.
2 Ibid.

참고문헌

Adorno: Eine Bildmonographie. Ed. Theodor W. Adorno Archiv. Frankfurt am Main: Suhrkamp, 2003.
Adorno, Theodor W. *Aesthetic Theory*. Trans. Robert Hullot-Kentor. Minneapolis: University of Minnesota Press, 1997.
____. *Aspects of the New Right-Wing Extremism*. Trans. Wieland Hoban. Malden, MA: Polity, 2020.
____. *Beethoven: Philosophie der Musik*. Ed. Rolf Tiedemann. Frankfurt am Main: Suhrkamp, 2004.
____. *Beethoven: The Philosophy of Music*. Ed. Rolf Tiedemann. Trans. Edmund Jephcott. Malden, MA: Polity Press, 1998.
____. *Briefe an die Eltern, 1939–1951*. Ed. Christoph Gödde and Henri Lonitz. Frankfurt am Main: Suhrkamp, 2003.
____. *Gesammelte Schriften*. Ed. Rolf Tiedemann et al. Frankfurt am Main: Suhrkamp, 1970–86.
____. "The Idea of Natural History." Trans. Robert Hullot-Kentor. *Telos*, no. 60 (Summer 1984): 111–24.
____. *Kierkegaard: Construction of the Aesthetic*. Trans. Robert Hullot-Kentor. Minneapolis: University of Minnesota Press, 1989.
____. *Minima Moralia*. Trans. Edmund Jephcott. New York: Verso, 1974.
____. *Moments musicaux*. Frankfurt am Main: Suhrkamp, 1964.
____. "Notes on Kafka." In *Prisms*, trans. Shierry Weber Nicholsen and Samuel Weber, pp. 243–70. Cambridge, MA: MIT Press, 1983.
____. *Notes to Literature*. Ed. Rolf Tiedemann. Trans. Shierry Weber Nicolsen. New York: Columbia University Press, 2019.
____. "Schubert." *Die Musik* 1 (1928): 1–12.
____. *So müßte ich ein Engel und kein Autor sein: Der Briefwechsel mit Peter Suhrkamp und Siegfried Unseld*. Ed. Wolfgang Schopf. Frankfurt am Main: Suhrkamp, 2003.
____. *Zu einer Theorie der musikalischen Reproduktion*. Ed. Henri Lonitz. Frankfurt am Main: Suhrkamp, 2005.
Adorno, Theodor W., and Walter Benjamin. *Briefwechsel, 1928–1940*. Ed. Henri Lonitz. Frankfurt am Main: Suhrkamp, 1995.
Adorno, Theodor W., and Alban Berg. *Briefwechsel, 1925–1935*. Ed. Henri Lonitz. Frankfurt am Main: Suhrkamp, 1997.
Adorno, Theodor W., and Max Horkheimer. *Briefwechsel, 1927–1969*. 4 vols. Ed. Christoph Gödde and Henri Lonitz. Frankfurt am Main: Suhrkamp, 2003–6.
Adorno, Theodor W., and Siegfried Kracauer. *Der Riss der Welt geht auch durch mich: Briefwechsel, 1923–1966*. Ed. Wolfgang Schopf. Frankfurt am Main: Suhrkamp, 2008.
Adorno, Theodor W., and Ernst Krenek. *Briefwechsel*. Ed. Wolfgang Rogge. Frankfurt am Main: Suhrkamp, 1974.
Adorno, Theodor W., and Thomas Mann. *Briefwechsel, 1943–1955*. Ed. Christoph Gödde and Thomas Sprecher. Frankfurt am Main: Suhrkamp, 2002.
Adorno, Theodor W., and Alfred Sohn-Rethel. *Briefwechsel, 1936–1969*. Ed. Christoph Gödde. Munich: Edition Text + Kritik, 1991.

Baedeker, Karl. *Italien von den Alpen bis Neapel: Handbuch für Reisende*. Leipzig: Baedeker, 1926.

———. *Unteritalien: Sizilien Malta Tripolis Korfu; Handbuch für Reisende*. Leipzig: Baedeker, 1936.

Barthes, Roland. "The Structuralist Activity." In Roland Barthes, *Critical Essays*, trans. Richard Howard, pp. 213–20. Evanston, IL: Northwestern University Press, 1972.

Benjamin, Walter. *Das Kunstwerk im Zeitalter seiner technischen Reproduzierbarkeit. In Gesammelte Schriften*, 7 vols., ed. Rolf Tiedemann and Hermann Schweppenhäuser, 7: 350–84. Frankfurt am Main: Suhrkamp, 1972–99.

———. *Das Passagen-Werk*. In *Gesammelte Schriften*, 7 vols., ed. Rolf Tiedemann and Hermann Schweppenhäuser, vol. 5. Frankfurt am Main: Suhrkamp, 1972–99.

———. "Der Autor als Produzent." In *Gesammelte Schriften*, 7 vols., ed. Rolf Tiedemann and Hermann Schweppenhäuser, 2: 683–701. Frankfurt am Main: Suhrkamp, 1972–99.

———. "Disputation bei Meyerhold." In *Gesammelte Schriften*, 7 vols., ed. Rolf Tiedemann and Hermann Schweppenhäuser, 4: 481–83. Frankfurt am Main: Suhrkamp, 1972–99.

———. "Ein Aussenseiter macht sich bemerkbar." In *Gesammelte Schriften*, 7 vols., ed. Rolf Tiedemann and Hermann Schweppenhäuser, 3: 219–25. Frankfurt am Main: Suhrkamp, 1972–99.

———. *Einbahnstraße*. In *Gesammelte Schriften*, 7 vols., ed. Rolf Tiedemann and Hermann Schweppenhäuser, 4: 83–148. Frankfurt am Main: Suhrkamp, 1972–99.

———. "Ein Berliner Straßenjunge." In *Gesammelte Schriften*, 7 vols., ed. Rolf Tiedemann and Hermann Schweppenhäuser, 7: 92–98. Frankfurt am Main: Suhrkamp, 1972–99.

———. *Gesammelte Briefe*. Vols. 2–3. Ed. Henri Lonitz, Christoph Gödde. Theodor W. Adorno-Archiv. Frankfurt am Main: Suhrkamp, 1995–97.

———. *Goethes Wahlverwandtschaften*. In *Gesammelte Schriften*, 7 vols., ed. Rolf Tiedemann and Hermann Schweppenhäuser, 1: 123–201. Frankfurt am Main: Suhrkamp, 1972–99.

———. "Möbel und Masken." In *Gesammelte Schriften*, 7 vols., ed. Rolf Tiedemann and Hermann Schweppenhäuser, 4: 477–79. Frankfurt am Main: Suhrkamp, 1972–99.

———. "Moskau." In *Gesammelte Schriften*, 7 vols., ed. Rolf Tiedemann and Hermann Schweppenhäuser, 4: 316–48. Frankfurt am Main: Suhrkamp, 1972–99.

———. *The Origin of German Tragic Drama*. Trans. John Osborne. New York: Verso, 1998.

———. *Reflections: Essays, Aphorisms, Autobiographical Writings*. Trans. Edmund Jephcott. New York: Harcourt Brace Jovanovich, 1978.

———. Review of Jakob Job, *Neapel: Reisebilder und Skizzen*. In *Gesammelte Schriften*, 7 vols., ed. Rolf Tiedemann and Hermann Schweppenhäuser, 3: 132–35. Frankfurt am Main: Suhrkamp, 1972–99.

———. *Ursprung des deutschen Trauerspiels*. In *Gesammelte Schriften*, 7 vols., ed. Rolf Tiedemann and Hermann Schweppenhäuser, 1: 203–430. Frankfurt am Main: Suhrkamp, 1972–99.

———. "Zwei Gedichte von Friedrich Hölderlin. 'Dichtermut'—'Blödigkeit.'" In *Gesammelte Schriften*, 7 vols., ed. Rolf Tiedemann and Hermann Schweppenhäuser, 2: 105–26. Frankfurt am Main: Suhrkamp, 1972–99.

Benjamin, Walter, and Asja Lacis. "Neapel." In *Gesammelte Schriften*, 4: 307–16.

Bloch, Ernst. *Briefe, 1903–1975*. Vol. 1. Ed. Karola Bloch et al. Frankfurt am Main: Suhrkamp, 1985.

———. "Italien und die Porosität." In *Gesamtausgabe*, vol. 9, Literarische Aufsätze, pp. 508–15. Frankfurt am Main: Suhrkamp, 1965.

Blumenberg, Hans. *Schiffbruch mit Zuschauer: Paradigma einer Daseinsmetapher*. Frankfurt: Suhrkamp, 1997.

Bois-Reymond, Emil du, and Anton Dohrn. *Briefwechsel*. Ed. Christiane Groeben. Berlin: Springer, 1985.

Bolz, Nobert W., and Richard Faber. *Antike und Moderne: Zu Walter Benjamins "Passagen."* Würzburg: Königshausen + Neumann, 1986.

Bonss, Wolfgang. *Wie weiter mit Theodor W. Adorno?* Hamburg: Hamburger Edition, 2008.

Braunstein, Dirk. *Adornos Kritik der politischen Ökonomie*. Bielefeld: transcript, 2015.

Bredekamp, Horst. *Darwins Korallen: Frühe Evolutionsmodelle und die Tradition der Naturgeschichte*. Berlin: Wagenbach, 2005.

Brodersen, Momme. *Spinne im eigenen Netz: Walter Benjamin Leben und Werk*. Bühl-Moos: Elster, 1990.

Buck-Morss, Susan. *The Dialectics of Seeing: Walter Benjamin and the Arcades Project*. Cambridge, MA: MIT Press, 1991.

———. *The Origin of Negative Dialectics. Theodor W. Adorno, Walter Benjamin, and the Frankfurt Institute*. New York: Free Press, 1977.

Büchner, Georg. "Mémoire sur le système nerveux du Barbeau." *Mémoires de la Société du Museum d'Histoire Naturelle* 2 (1835): 1–57.

Cerio, Claretta. *Mein Capri*. Hamburg: Mare, 2010.

Cerio, Edwin. *Capri: Ein kleines Welttheater im Mittelmeer*. Trans. Nora Urban. Munich: Callwey, 1954.

Clavel, Gilbert. *Mein Bereich*. Basel: Schwabe, 1930.

Colli, Giorgio, and Mazzino Montinari, eds. *Briefe an Friedrich Nietzsche: Januar 1875—Dezember 1879*. Vol. 1. Berlin, New York: Walter de Gruyter, 1980.

Cook's Handbook to Naples and Environs. London: Cook, 1924.

Deleuze, Gilles, and Felix Guattari, "Introduction: Rhizome." In *A Thousand Plateaus*, vol. 2 of *Capitalism and Schizophrenia*, trans. Brian Massumi, pp. 3–25. Minneapolis: University of Minnesota Press, 1987.

Demirović, Alex. *Der nonkonformistische Intellektuelle: Die Entwicklung der Kritischen Theorie zur Frankfurter Schule*. Frankfurt am Main: Suhrkamp, 1999.

Derrida, Jacques. *Marx' Gespenster: Der Staat der Schuld, die Trauerarbeit und die neue Internationale*. Frankfurt am Main: Suhrkamp, 2004.

D'Iorio, Paolo. *Le voyage de Nietzsche à Sorrente: Genèse de la philosophie de l'esprit libre*. Paris: CNRS Éditions, 2012.

Douglas, Norman. *Looking Back: An Autobiographical Excursion*. New York: Harcourt, Brace, 1933.

Eisenstein, Sergei M. *Das dynamische Quadrat: Schriften zum Film*. Ed. Oksana Bulgakowa and Dietmar Hochmut. Leipzig: Reclam, 1988.

———. "Montage der Attraktionen." In *Das dynamische Quadrat: Schriften zum Film*, ed. Oksana Bulgakova and Dietmar Hochmuth, pp. 10–16. Leipzig: Reclam, 1988.

Enzensberger, Hans Magnus, "Eine Theorie des Tourismus." In *Einzelheiten I, Bewusstseinsindustrie*, pp. 179–205. Frankfurt am Main: Suhrkamp, 1967.

Fahlbusch, Markus. "Über Jazz." In *Schlüsseltexte der Kritischen Theorie*, ed. Axel Honneth et al., pp. 19–21. Wiesbaden: VS Verlag für Sozialwissenschaften, 2011.

Felsch, Philipp, and Martin Mittelmeier. "'Ich war ehrlich überrascht und erschrocken, wie umfangreich Sie geantwortet haben': Theodor W. Adorno korrespondiert mit seinen Lesern." *Kultur und Gespenster* 13 (2012): 159–99.

Fiorentino, Alessandro. *Memorie di Sorrento*. Naples: Electa Napoli, 1991.

Flaubert, Gustave. "Gustave Flaubert: Eleven Letters." Trans. Geoffrey Wall. *Cambridge Quarterly* 25, no. 3 (1996): 213–42.

Fontane, Theodor. *Werke, Schriften und Briefe*. Vol. 2. Ed. Walter Keitel and Helmuth Nürnberger. Munich: Hanser, 1979.

Frank, Manfred. "Stichworte zur Konstellationsforschung (aus Schleiermacherscher Inspiration)." In *Konstellationsforschung*, ed. Martin Mulsow and Marcelo Stamm, pp. 139–148. Frankfurt am Main: Suhrkamp, 2005.

Freytag, Carl. "Alfred Sohn-Rethel in Italien, 1924–1927." In Alfred Sohn-Rethel, *Das Ideal des Kaputten*, 2nd ed., pp. 39–52. Bremen: Wassmann, 1992.

———. "Die Sprache der Dinge: Alfred Sohn-Rethels 'Zwischenexistenz' in Positano (1924–1927)." In *Geld und Geltung: Zu Alfred Sohn-Rethels soziologischer Erkenntnistheorie*, ed. Rudolf Heinz and Jochen Hörisch, pp. 78–85. Würzburg: Königshausen & Neumann, 2006.

Friedlander, Eli. "The Measure of the Contingent: Walter Benjamin's Dialectical Image." *Boundary* 2 35, no. 3 (2008): 1–26.

Fritsch, Karl von. *Bericht über die Senckenbergische naturforschende Gesellschaft in Frankfurt am Main*. Frankfurt am Main: Ges., 1873.

Führer durch das Aquarium der Zoologischen Station zu Neapel. Naples: Francesco Giannini & Figli, 1925.

Gangl, Manfred. "Staatskapitalismus und Dialektik der Aufklärung." In *Jenseits Instrumenteller Vernunft: Kritische Studien zur "Dialektik der Aufklärung,"* ed. Manfred Gangl and Gérard Raulet, 158–86. Frankfurt am Main: Peter Lang, 1998.

Garber, Klaus. *Zum Bilde Walter Benjamins: Studien, Porträts, Kritiken*. Munich: Fink, 1992.

Gay, Peter. *The Bourgeois Experience: Victoria to Freud*. Vol. 1, *Education of the Senses*. New York: Oxford University Press, 1984.

Gilloch, Graeme. *Myth and Metropolis: Walter Benjamin and the City*. Malden, MA: Polity, 1996.

Goethe, Johann Wolfgang von. *Dichtung und Wahrheit*. In *Sämtliche Werke nach Epochen seines Schaffens*, 21 vols., ed. Karl Richter et al., vol. 16. Munich: Hanser, 1985–98.

———. *Die Wahlverwandtschaften*. In *Sämtliche Werke nach Epochen seines Schaffens*, 21 vols., ed. Karl Richter et al., 9: 283–529. Munich: Hanser, 1985–98.

———. *Italienische Reise*. In *Sämtliche Werke nach Epochen seines Schaffens*, 21 vols., ed. Karl Richter et al., vol. 15. Munich: Hanser, 1985–98.

Gregorovius, Ferdinand. *Wanderjahre in Italien*. Vol. 3. Leipzig: Brockhaus, 1865.

Groeben, Christiane. "Alfred Krupp, Anton Dohrn und Salvatore Lo Bianco: 'Pelagische Tiefseekampagnen um Capri, 1900–1902.'" In *Physische Anthropologie—Biologie des Menschen*, ed. Michael Kaasch et al., pp. 187–200. Berlin: VWB, 2007.

Grossheim, Michael. "Archaisches oder dialektisches Bild? Zum Kontext einer Debatte zwischen Adorno und Benjamin." *DVjS für Literaturwissenschaft und Geistesgeschichte* 71 (1997): 494–517.

Grotzinger, John, and Thomas Jordan. *Understanding Earth*. 7th ed. New York: W. H. Freeman, 2014.

Groys, Boris. "Die Stadt im Zeitalter ihrer touristischen Reproduzierbarkeit." In *Topologie der Kunst*, pp. 187–98. Munich: Hanser, 2003.

Gruner, Wolfgang. *Ein Schicksal, das ich mit sehr vielen anderen geteilt habe: Alfred Kantorowicz—sein Leben und seine Zeit von 1899 bis 1935*. Kassel: Kassel University Press, 2006.

Gumbrecht, Hans Ulrich. *In 1926: Living at the Edge of Time*. Cambridge, MA: Harvard University Press, 1997.

Gumnior, Helmut, and Rudolf Ringguth. *Horkheimer*. 6th ed. Reinbek bei Hamburg: Rowohlt, 1997.

Habermas, Jürgen. *Der philosophische Diskurs der Moderne*. Frankfurt am Main: Suhrkamp, 1988.

____. "The Entwinement of Myth and Enlightenment: Max Horkheimer and Theodor Adorno." In *The Philosophical Discourse of Modernity*, trans. Frederick G. Lawrence, pp. 106–30. Cambridge, MA: MIT Press, 1990.

Hagen, Wolfgang. "Davor hatte ich eine instinktive Abzirkelung." In *L'Invitation au Voyage—Zu Alfred Sohn-Rethel*, ed. Bettina Wassmann, pp. 1–12. Bremen: Wassmann, 1979.

Haselberg, Peter von. "Wiesengrund-Adorno." In *Theodor W. Adorno*, ed. Heinz Ludwig Arnold, 2nd ed., pp. 7–21. Munich: Edition Text & Kritik, 1983.

Hatzfeld, Adolf von. *Positano*. Freiburg: Pontos, 1925.

Hegel, Georg Wilhelm Friedrich. *Enzyklopädie der philosophischen Wissenschaften*. Werke, vol. 8. Frankfurt am Main: Suhrkamp, 1986.

____. *Phänomenologie des Geistes*. Werke, vol. 3. Frankfurt am Main: Suhrkamp, 1986.

Henrich, Dieter. *Grundlegung aus dem Ich: Untersuchungen zur Vorgeschichte des Idealismus*. Vol. 2. Frankfurt am Main: Suhrkamp, 2004.

Heuss, Theodor. *Anton Dohrn in Neapel*. Berlin: Atlantis, 1940.

Hillach, Ansgar. "Dialektisches Bild." In *Benjamins Begriffe*, ed. Michael Opitz and Erdmut Wizisla, 1: 186–229. Frankfurt am Main: Suhrkamp, 2000.

Hoffmann, Ludwig, and Dieter Wardetzky, eds. *Theateroktober: Beiträge zur Entwicklung des sowjetischen Theaters*. Frankfurt am Main: Röderberg, 1972.

Honneth, Axel. "Eine Physiognomie der kapitalistischen Lebensform: Skizze der Gesellschaftstheorie Adornos." In *Dialektik der Freiheit*, pp. 165–87. Frankfurt am Main: Suhrkamp, 2005.

____. "Gerechtigkeit im Vollzug. Adornos 'Einleitung' in die Negative Dialektik." In *Pathologien der Vernunft: Geschichte und Gegenwart der Kritischen Theorie*, pp. 93–111. Frankfurt am Main: Suhrkamp, 2007.

____. "Vorbemerkung." In *Dialektik der Freiheit*, ed. Axel Honneth, pp. 7–10. Frankfurt am Main: Suhrkamp, 2005.

Hörisch, Jochen. "Über die Sprache Adornos. Rundfunkgespräch mit Peter Kemper." In *Zeitschrift für Kritische Theorie* 18/19 (2004), pp. 264–81.

Horkheimer, Max. "Die gegenwärtige Lage der Sozialphilosophie und die Aufgaben eines Instituts für Sozialforschung." In *Gesammelte Schriften*, 19 vols., ed. Alfred Schmidt and Gunzelin Schmid Noerr, 3: 20–35. Frankfurt am Main: S. Fischer, 1985–96.

____. "Egoismus und Freiheitsbewegung." In *Gesammelte Schriften*, 19 vols., ed. Alfred Schmidt and Gunzelin Schmid Noerr, 4: 9–88. Frankfurt am Main: S. Fischer, 1985–96.

____. "L'île heureuse." In *Gesammelte Schriften*, 19 vols., ed. Alfred Schmidt and Gunzelin Schmid Noerr, 11: 289–328. Frankfurt am Main: S. Fischer, 1985–96.

Horkheimer, Max, and Theodor W. Adorno. *Dialectic of Enlightenment*. Ed. Gunzelin Schmid Noerr. Trans. Edmund Jephcott. Stanford, CA: Stanford University Press, 2002.

Hullot-Kentor, Robert. "Second Salvage: Prolegomenon to a Reconstruction of Current of Music" (editor's introduction). In *Current of Music: Elements of a Radio Theory*, by Theodor W. Adorno, ed. Robert Hullot-Kentor, pp. 1–40. Malden, MA: Polity, 2009.

Jäger, Lorenz. *Adorno: Eine politische Biographie*. Munich: Pantheon, 2009.

____. "Die esoterische Form." In *Europäische Barock-Rezeption*, ed. Klaus Garber, pp. 143–53. Wiesbaden: Harrassowitz, 1991.

———. *Die schöne Kunst, das Schicksal zu lesen: Kleines Brevier der Astrologie.* Springe: zu Klampen, 2009.

Jay, Martin. *Marxism and Totality.* Berkeley: University of California Press, 1984.

Jenemann, David. *Adorno in America.* Minneapolis: University of Minnesota Press, 2007.

Kafka, Franz. *Ein Landarzt und andere Drucke zu Lebzeiten.* Ed. Wolf Kittler, Hans-Gerd Koch, and Gerhard Neumann. 5th ed. Frankfurt am Main: S. Fischer, 2004.

Kant, Immanuel. *Kritik der Urteilskraft.* Hamburg: Meiner, 1990.

———. *Metaphysics of Morals.* Trans. Mary Gregor. Cambridge: Cambridge University Press, 1991.

Kantorowicz, Alfred. *Meine Kleider.* Berlin: Aufbau, 1957.

Kaulen, Heinrich. "Walter Benjamin und Asja Lacis: Eine biographische Konstellation und ihre Folgen." *DVjs* 69, no. 1 (1995): 92–122.

Kempter, Martina. "Nachwort." Afterword to Alberto Savinio, *Capri*, pp. 99–111. Frankfurt am Main: Insel, 2001.

Kesel, Humbert. *Capri: Biographie einer Insel.* Ansbach: Prestel, 1971.

Klee, Paul. *Briefe an die Familie, 1893–1940.* Ed. Felix Klee. Vol. 1. Cologne: Dumont, 1979.

———. *Tagebücher, 1898–1918.* Ed. Paul-Klee-Stiftung. Stuttgart: Hatje, 1988.

Klein, Richard, Johann Kreuzer, and Stefan Müller-Doohm, eds. *Adorno-Handbuch.* Stuttgart: Metzler, 2011.

Kleinwort, Malte. "Zur Desorientierung im Manuskript der Vorrede zu Benjamins Trauerspielbuch." In *Benjamin-Studien* 2, ed. Daniel Weidner and Sigrid Weigel (2011): 87–110.

Kluge, Alexander. *Nachrichten aus der ideologischen Antike* (3 DVDs). Frankfurt am Main: Suhrkamp, 2008.

Kolesch, Doris. *Das Schreiben des Subjekts: Zur Inszenierung ästhetischer Subjektivität bei Baudelaire, Barthes und Adorno.* Vienna: Passagen, 1996.

Kopisch, August. *Die Entdeckung der Blauen Grotte auf der Insel Capri.* Ed. Dieter Richter. Berlin: Wagenbach, 1997.

Kracauer, Siegfried. "Das Ornament der Masse." In *Werke*, ed. Inka Mülder-Bach et al., 5.2: 612–24. Frankfurt am Main: Suhrkamp, 2004–11.

———. "Der Detektiv-Roman: Eine Deutung." In *Werke*, ed. Inka Mülder-Bach et al., 1: 103–209. Frankfurt am Main: Suhrkamp, 2004–11.

———. "Der verbotene Blick." In *Werke*, ed. Inka Mülder-Bach et al., 5.2: 224–27. Frankfurt am Main: Suhrkamp, 2004–11.

———. "Die Angestellten. Aus dem neuesten Deutschland." In *Werke*, ed. Inka Mülder-Bach et al., 1: 211–310. Frankfurt am Main: Suhrkamp, 2004–11.

———. "Die Bibel auf Deutsch." In *Werke*, ed. Inka Mülder-Bach et al., 5.2: 374–86. Frankfurt am Main: Suhrkamp, 2004–11.

———. "Die Reise und der Tanz." In *Werke*, ed. Inka Mülder-Bach et al., 5.2: 214–23. Frankfurt am Main: Suhrkamp, 2004–11.

———. "Die Wartenden." In *Werke*, ed. Inka Mülder-Bach et al., 5.1: 383–94. Frankfurt am Main: Suhrkamp, 2004–11.

———. "Felsenwahn in Positano." In Werke, ed. Inka Mülder-Bach et al., 5.2: 296–303. Frankfurt am Main: Suhrkamp, 2004–11.

———. Georg. In *Werke*, ed. Inka Mülder-Bach et al., 7: 257–516. Frankfurt am Main: Suhrkamp, 2004–11.

———. "Gestalt und Zerfall." In *Werke*, ed. Inka Mülder-Bach et al., 5.2 283–88. Frankfurt am Main: Suhrkamp, 2004–11.
———. Ginster. In *Werke*, ed. Inka Mülder-Bach et al., 7: 9–256. Frankfurt am Main: Suhrkamp, 2004–11.
———. "Kult der Zerstreuung." In *Werke*, ed. Inka Mülder-Bach et al., 6.1: 208–13. Frankfurt am Main: Suhrkamp, 2004–11.
———. "Langeweile." In *Werke*, ed. Inka Mülder-Bach et al., 5.2: 161–64. Frankfurt am Main: Suhrkamp, 2004–11.
———. "Lichtreklame." In *Werke*, ed. Inka Mülder-Bach et al., 5.2: 529–32. Frankfurt am Main: Suhrkamp, 2004–11.
———. *The Mass Ornament*. Trans. Thomas Y. Levin. Cambridge, MA: Harvard University Press, 1995.
———. Review of Adolf von Hatzfeld, *Positano*. In *Frankfurter Zeitung*, February 7, 1926, p. 6.
———. "Zu Sorrent." In *Werke*, ed. Inka Mülder-Bach et al., 5.2: 339–40. Frankfurt am Main: Suhrkamp, 2004–11.
La Capria, Raffaele. "Neapel als geistige Landschaft." In *Neapel: Eine literarische Einladung*, ed. Dieter Richter, pp. 7–17. Berlin: Wagenbach, 1988.
Lacis, Asja. *Revolutionär im Beruf: Berichte über proletarisches Theater, über Meyerhold*, Brecht, Benjamin und Piscator. Ed. Hildegard Brenner. Munich: Rogner & Bernhard, 1971.
Leitfaden für das Aquarium der Zoologischen Station zu Neapel. 6th ed. Naples: Trani, 1905.
Lenhard, Philipp. *Friedrich Pollock: Die graue Eminenz der Frankfurter Schule*. Frankfurt am Main: Suhrkamp, 2019.
Lévi-Strauss, Claude. *Wild Thought*. Trans. Jeffrey Mehlman and John Leavitt. Chicago: University of Chicago Press, 2021.
Lo Bianco, Salvatore, "Metodi usati nella Stazione zoologica per la conservazione degli animali marini." *Mittheilungen aus der Zoologischen Station zu Neapel* 9 (1890): 434–74.
———. *Pelagische Tiefseefischerei der "Maja" in der Umgebung von Capri*. Jena: Gustav Fischer, 1904.
Löwenthal, Leo, and Siegfried Kracauer. *In steter Freundschaft: Briefwechsel*, ed. Peter-Erwin Jansen and Christian Schmidt. Springe: zu Klampen, 2003.
Lukács, Georg. *Die Theorie des Romans*. Berlin: Cassirer, 1920.
———. *Geschichte und Klassenbewusstsein*. Darmstadt: Luchterhand, 1968.
———. *History and Class Consciousness*. Trans. Rodney Livingstone. Cambridge, MA: MIT Press, 1972.
———. *The Theory of the Novel*. Trans. Anna Bostock. Cambridge, MA: MIT Press, 1971.
Maak, Niklas. *Der Architekt am Strand: Le Corbusier und das Geheimnis der Seeschnecke*. Munich: Hanser, 2010.
Machatschek, Michael. *Golf von Neapel*. Erlangen: Müller, 2011.
Malaparte, Curzio. *The Skin*. Trans. David Moore. New York: New York Review of Books, 2013.
Mann, Thomas. *Der Zauberberg*. Ed. Michael Neumann. Große Kommentierte Frankfurter Ausgabe, ed. Heinrich Detering et al., vol. 5.1. Frankfurt am Main: S. Fischer, 2002.
———. *Doktor Faustus*. Ed. Ruprecht Wimmer. Große Kommentierte Frankfurter Ausgabe, ed. Heinrich Detering et al., vol. 10. Frankfurt am Main: S. Fischer, 2007.
———. *Doktor Faustus*. Commentary by Ruprecht Wimmer. Große Kommentierte Frankfurter Ausgabe, ed. Heinrich Detering et al., vol. 10. Frankfurt am Main: S. Fischer, 2007.
Marx, Karl. *Capital: A Critique of Political Economy*. Vol. 1 of 3. Trans. Ben Fowkes and Ernest Mandel. New York: Penguin Books, 1992.

———. *Das Kapital*. In *Marx-Engels-Werke*, 44 vols., ed. Institut für Marxismus-Leninismus beim Zentralkomitee der SED, vol. 23. Berlin: Dietz, 1968.

———. *Der achtzehnte Brumaire des Louis Bonaparte*. In *Marx-Engels-Werke*, 44 vols., ed. Institut für Marxismus-Leninismus beim Zentralkomitee der SED, vol. 8. Berlin: Dietz, 1972.

McGill, Justine. "The Porous Coupling of Walter Benjamin and Asja Lacis." *Angelaki* 13, no. 2 (2008): 59–72.

Menninghaus, Winfried. "Das Ausdruckslose: Walter Benjamins Kritik des Schönen durch das Erhabene." In *Walter Benjamin, 1892–1940 zum 100. Geburtstag*, ed. Uwe Steiner, pp. 33–76. Bern: Peter Lang, 1992.

———. "Kant, Hegel und Marx in Lukács' Theorie der Verdinglichung: Destruktion eines neomarxistischen 'Klassikers.'" In *Spiegel und Gleichnis: Festschrift für Jacob Taubes*, ed. Norbert W. Bolz and Wolfgang Hübener, pp. 318–30. Würzburg: Königshausen & Neumann, 1983.

———. *Unendliche Verdopplung: Die frühromantische Grundlegung der Kunsttheorie im Begriff absoluter Selbstreflexion*. Frankfurt am Main: Suhrkamp, 1987.

———. *Walter Benjamins Theorie der Sprachmagie*. Frankfurt am Main: Suhrkamp, 1995.

Mittelmeier, Martin. "Es gibt kein richtiges Sich-Ausstrecken in der falschen Badewanne: Wie Adornos berühmtester Satz wirklich lautet—ein Gang ins Archiv." *Recherche* 4 (2009): 3.

Money, James. *Capri: Island of Pleasure*. London: Hamilton, 1986.

Morgenstern, Soma. *Alban Berg und seine Idole: Erinnerungen und Briefe*. Berlin: Aufbau, 1999.

Mosebach, Martin. *Die schöne Gewohnheit zu leben: Eine italienische Reise*. Berlin: Berlin Verlag, 1997.

Mosès, Stéphan. *Der Engel der Geschichte: Franz Rosenzweig, Walter Benjamin, Gershom Scholem*. Frankfurt am Main: Jüdischer, 1994.

Müller, Tobi. "Karl Marx und die gespenstische Gallerte." In *Tages-Anzeiger* 47 (2007): 47.

Müller-Doohm, Stefan. *Adorno: Eine Biographie*. Frankfurt am Main: Suhrkamp, 2003.

Müller-Sievers, Helmut. *Desorientierung: Anatomie und Dichtung bei Georg Büchner*. Göttingen: Wallstein, 2003.

Munthe, Axel. *Das Buch von San Michele*. Trans. G. Uexküll-Schwerin. Munich: dtv, 1978.

———. *The Story of San Michele: Autobiography of a Swedish Doctor*. London: Murray, 1929.

Neapel und Umgebung. Griebens Reiseführer, vol. 101. Berlin: Verlag von Griebens Reiseführern, 1925.

Nietzsche, Friedrich. *Digitale Kritische Gesamtausgabe*. Ed. Paolo D'Iorio. Digital version of Friedrich Nietzsche, *Werke: Kritische Gesamtausgabe*. Ed. Giorgio Colli and Mazzino Montinari. Berlin, New York: de Gruyter, 1967–.

Norton, Leslie. *Leonide Massine and the 20th Century Ballet*. Jefferson, NC: McFarland, 2004.

Pabst, Reinhard. *Kindheit in Amorbach*. Frankfurt am Main: Insel, 2003.

Palmier, Jean-Michel. *Walter Benjamin: Lumpensammler, Engel und bucklicht Männlein; Ästhetik und Politik bei Walter Benjamin*. Frankfurt am Main: Suhrkamp, 2009.

Paškevica, Beata. *In der Stadt der Parolen: Asja Lacis, Walter Benjamin und Bertolt Brecht*. Essen: Klartext, 2006.

Pisani, Salvatore. "Baustoff e." In *Neapel: Sechs Jahrhunderte Kulturgeschichte*, ed. Salvatore Pisani and Katharina Siebenmorgen, pp. 214–21. Berlin: Reimer, 2009.

———. "Neapel-Topoi." In *Neapel: Sechs Jahrhunderte Kulturgeschichte*, ed. Salvatore Pisani and Katharina Siebenmorgen, pp. 28–37. Berlin: Reimer, 2009.

Platen, August von. *Die Tagebücher des Grafen August von Platen: Aus der Handschrift des Dichters*. Vol. 2. Stuttgart: Cotta, 1900.

Platthaus, Isabel. *Höllenfahrten: Die epische katabis und die Unterwelten der Moderne*. Munich:

Wilhelm Fink Verlag, 2004.

Reich, Bernhard. "Erinnerungen an das frühe sowjetische Theater." In *Theateroktober: Beiträge zur Entwicklung des sowjetischen Theaters*, ed. Ludwig Hoffmann and Dieter Wardetzky, pp. 7–31. Frankfurt am Main: Röderberg, 1972.

———. *Im Wettlauf mit der Zeit*. Berlin: Henschel, 1970.

Reijen, Willem van, and Jan Bransen. "Das Verschwinden der Klassengeschichte in der 'Dialektik der Aufklärung': Ein Kommentar zu den Textvarianten der Buchausgabe von 1947 gegenüber der Erstveröffentlichung von 1944." In Max Horkheimer, *Gesammelte Schriften*, 19 vols., ed. Alfred Schmidt and Gunzelin Schmid Noerr, 5: 453–57. Frankfurt am Main: S. Fischer, 1987.

Richter, Dieter. "Bruder Glücklichs trauriges Ende." *Die Zeit* 31 (2002): 74.

———. "Das blaue Feuer der Romantik, Geschichte und Mythos der Blauen Grotte." In August Kopisch, *Die Entdeckung der Blauen Grotte auf der Insel Capri*, ed. Dieter Richter, pp. 61–107. Berlin: Wagenbach, 1997.

———. *Der Vesuv: Geschichte eines Berges*. 2nd ed. Berlin: Wagenbach, 2007.

———. "Friedrich Alfred Krupp auf Capri: Ein Skandal und seine Geschichte." In *Friedrich Alfred Krupp. Ein Unternehmer im Kaiserreich*, ed. Michael Epkenhans and Ralf Stremmel, pp. 157–77. Munich: C. H. Beck, 2010.

———. *Neapel: Biographie einer Stadt*. Berlin: Wagenbach, 2005.

Richter, Gerhard. "Die Erbschaft der Konstellation: Adorno und Hegel." *MLN* 126 (2011): 446–70.

Roth, Udo. *Georg Büchners naturwissenschaftliche Schriften*. Tübingen: Niemeyer, 2004.

Savinio, Alberto. *Capri*. Trans. John Shepley. Marlboro, VT: Marlboro Press, 1989.

Schiemenz, P. Review of Salvatore Lo Bianco's *Metodi usati nella Stazione zoologica per la conservazione degli animali marini*. *Zeitschrift für wissenschaftliche Mikroskopie und für mikroskopische Technik* 8 (1891): 54–66.

Schlüter, Andreas, ed. *Der Golf von Neapel: Ein Reisebuch*. Hamburg: Ellert & Richter, 2009.

Schmitt, Thomas, and Thomas Steinfeld. *Exil, Eden, Endstation: Die Luftschlösser von Capri*. Tag/Traum Filmproduktion, WDR/arte, 2004. 52 mins.

Schnebel, Dieter. "Komposition von Sprache—sprachliche Gestaltung von Musik in Adornos Werk." In *Theodor W. Adorno zum Gedächtnis*, ed. Hermann Schweppenhäuser, pp. 129–43. Frankfurt am Main: Suhrkamp, 1971.

Schöttker, Detlev. *Konstruktiver Fragmentarismus: Form und Rezeption der Schriften Walter Benjamins*. Frankfurt am Main: Suhrkamp, 1999.

Schwanhäußer, Anja. *Kosmonauten des Underground: Ethnografie einer Berliner Szene*. Frankfurt am Main: Campus, 2010.

Smith, Paul. "Thomas Cook & Son's Vesuvius Railway." In *Japan Railway and Transport Review* 3 (1998): 10–15.

Sohn-Rethel, Alfred. "Aus einem Gespräch von Alfred Sohn-Rethel mit Uwe Herms über 'Geistige und Körperliche Arbeit' 1973." In *L'invitation au voyage—zu Alfred Sohn-Rethel*, ed. Bettina Wassmann. Bremen: Wassmann, 1979, pp. 1–16.

———. "Das Ideal des Kaputten: Über neapolitanische Technik." In *Das Ideal des Kaputten*, ed. Carl Freytag, pp. 33–38. Bremen: Wassmann, 1992.

———. "Eine Verkehrsstockung in der Via Chiaia." In *Das Ideal des Kaputten*, ed. Carl Freytag, pp. 7–19. Bremen: Wassmann, 1992.

———. "Einige Unterbrechungen waren wirklich unnötig." In *Die Zerstörung einer Zukunft. Gespräche mit emigrierten Sozialwissenschaftlern*, recorded by Matthias Greffrath. Reinbek bei Hamburg:

Rowohlt, 1979.

———. *Erinnerungen.* Transcript of a three-hour radio portrait of Wolfgang Hagen for Radio Bremen in 1977. Available at Wayback Machine, http://web.archive.org/web/20050426112218fw_/http://www.radiobremen.de/online/sohn_rethel/erinner/index.htm (accessed January 24, 2024).

———. "Exposee zum theoretischen Kommentar der Marxschen Gesellschaft slehre." Bundesarchiv, Koblenz, M 1492,26.

———. *Geistige und körperliche Arbeit: Zur Epistemologie der abendländischen Geschichte.* Frankfurt am Main: Suhrkamp, 1970.

———. "Kommentar zum 'Exposé zum theoretischen Kommentar der Marxschen Gesellschaft slehre' von 1926." In *Von der Analytik des Wirtschaftens zur Theorie der Volkswirtschaft: Frühe Schriften*, ed. Oliver Schlaudt and Carl Freytag, pp. 153–55. Freiburg: ça ira, 2012.

———. *Soziologische Theorie der Erkenntnis.* Frankfurt am Main: Suhrkamp, 1985.

———. "Vesuvbesteigung 1926." In *Das Ideal des Kaputten*, ed. Carl Freytag, pp. 21–31. Bremen: Wassmann, 1992.

Sonnentag, Stefanie. *Spaziergänge durch das literarische Capri und Neapel.* Zurich: Arche, 2003.

Spina, Luigi. "Der Mythos der Sirene Parthenope." In *Neapel: Sechs Jahrhunderte Kulturgeschichte*, ed. Salvatore Pisani and Katharina Siebenmorgen, pp. 23–27. Berlin: Reimer, 2009.

Stamm, Marcelo. "Konstellationsforschung—Ein Methodenprofil: Motive und Perspektiven." In *Konstellationsforschung*, ed. Martin Mulsow and Marcelo Stamm, pp. 31–73. Frankfurt am Main: Suhrkamp, 2005.

Steinert, Heinz. *Adorno in Wien: Über die (Un)Möglichkeit von Kunst, Kultur und Befreiung.* Vienna: Verlag für Gesellschaft skritik, 1989.

Steinfeld, Thomas. *Der Arzt von San Michele: Axel Munthe und die Kunst, dem Leben einen Sinn zu geben.* Munich: Hanser, 2007.

Striedter, Jurij. "Zur formalistischen Theorie der Prosa und der literarischen Evolution." In *Russischer Formalismus: Texte zur allgemeinen Literaturtheorie und zur Theorie der Prosa*, ed. Jurij Striedter, pp. ix–lxxxiii. Munich: Fink, 1969.

Szeemann, Harald. "Gilbert Clavel, 1883–1927. Sein Lebensgang in Briefen." In *Visionäre Schweiz*, ed. Harald Szeemann, pp. 234–96. Aarau: Sauerländer, 1991.

Szondi, Peter. "Benjamins Städtebilder." In *Lektüren und Lektionen*, pp. 134–49. Frankfurt am Main: Suhrkamp, 1973.

Theodor W. Adorno Archiv, ed. "Adornos Seminar vom Sommersemester 1932 über Benjamins *Ursprung des deutschen Trauerspiels*. Protokolle." In *Frankfurter Adorno Blätter IV*, ed. Theodor W. Adorno Archiv, pp. 52–77. Munich: Edition Text + Kritik, 1995.

Tiedemann, Rolf. "Begriff, Bild, Name: Über Adornos Utopie der Erkenntnis." In *Frankfurter Adorno Blätter II*, ed. Theodor W. Adorno Archiv, pp. 92–111. Munich: Edition Text + Kritik, 1993.

Vennen, Mareike. *Medialisierungen des Lebendigen—Das Aquarium zwischen Natur und Technik von 1840 bis 1930.* Unpublished, n.d.

Voss, Julia. *Darwins Bilder: Ansichten der Evolutionstheorie, 1837–1874.* Frankfurt: S. Fischer, 2007.

Wagner, Horst-Günter. *Die Kulturlandschaft am Vesuv: Eine agrargeographische Strukturanalyse mit Berücksichtigung der jungen Wandlungen.* Hanover: Selbstverlag der Geographischen Gesellschaft, 1967.

Walter Benjamin Archiv, ed. *Bilder, Texte und Zeichen.* Frankfurt am Main: Suhrkamp, 2006.

Wellmer, Albrecht. "Wahrheit, Schein, Versöhnung: Adornos ästhetische Rettung der Modernität,"

In *Zur Dialektik von Moderne und Postmoderne: Vernunft kritik nach Adorno*, pp. 9–47. Frankfurt am Main: Suhrkamp, 1985.

Wiggershaus, Rolf. *Die Frankfurter Schule: Geschichte, theoretische Entwicklung, politische Bedeutung.* 2nd ed. Munich: dtv, 1989.

____. "Friedrich Pollock—der letzte Unbekannte der Frankfurter Schule." *Die Neue Gesellschaft: Frankfurter Hefte* 8 (1994): 750–56.

Ziege, Eva-Maria. *Antisemitismus und Gesellschaft stheorie: Die Frankfurter Schule im amerikanischen Exil.* Frankfurt am Main: Suhrkamp, 2009.

: 옮긴이의 말

이 번역서의 원본은 2013년에 *Adorno in Neapel*(München: Siedler Verlag)이라는 제목으로 독일어로 발간되었다. 2024년에 저자와 번역자 그리고 출판사 편집자가 공동으로 작업하여 원본을 축약하고 서술 체계를 크게 바꾼 영역판(*Naples 1925: Adorno, Benjamin, and the Summer That Made Critical Theory*, New Haven: Yale University Press)을 출간하였는데, 이 번역은 영역판을 따른 것이다. 영어 번역판이 훌륭해서 큰 문제는 없었지만, 문맥이 이해되지 않는 부분은 독일어 원본을 대조하면서 번역했다.

이 분야에 정통하지 못한 옮긴이가 이 책을 번역하게 된 계기는 옮긴이가 『뉴요커』(*The New Yorker*, 2024. 12. 4)에 실린 인상적인 서평에 끌려서 영어판을 구입해 읽고 출판사에 번역을 권유한 탓이 크다. 이 책은 아마도 20세기를 대표하는 사상적 조류의 하나인 '비판이론'의 기원을 테오도어 아도르노를 비롯한 주역들의 청년 시절

이탈리아 여행 경험에서 찾은 최초의 평전일 것이다. 『뉴요커』의 서평대로 이 작은 책은 "풍경이 어떻게 철학이 되는가"를 아주 잘 보여준 철학적 여행기이자, 유럽에 파시즘이 발아하기 직전인 1920년대 독일 청년 지식인들의 지적 성장을 엿볼 수 있는 흔치 않은 기회를 제공한다.

테오도어 아도르노, 지크프리트 크라카우어, 발터 벤야민, 알프레트 존-레텔 등 4명의 독일인 청년 지식인들이 같은 시기에 나폴리 지역을 여행했다는 기록은 몇몇 평전과 기록에서 확인이 되지만, 이들이 자신들의 고향과는 전혀 다른 남부 이탈리아의 독특한 풍광과 주민들의 사고와 생활양식을 경험하고 여러 지적 영감을 받았으며, 그것을 통해 '비판이론'의 사상적 토대를 형성했다는 저자의 시각은 이례적이면서 그만큼 독창적이다. 특히 화산 지대로 이루어진 나폴리의 자연 풍광에서 아도르노와 벤야민 등이 고유의 미학적 은유를 개발하고, 나폴리 주민들의 전근대적 사고와 생활방식을 통해서 황폐한 근대성을 비판하기 위한 변증법적 개념을 발전시켰다는 주장은 몇 가지 추론상의 비약에도 불구하고, 비판이론 형성 과정에 대한 지식사회학적 문제 제기로도 충분한 가치가 있다.

이 책은 또한 여기저기서 비판이론 선조들의 독특한 개성들에 얽힌 일화를 제공하고 있어서 흥미롭다. 자기의 천재성에 대한 아도르노의 자만, 크라카우어의 동성애적 성향, 벤야민의 섬세함과 신경질적인 대인관계, 존-레텔의 무모한 급진성 등이 서로 얽혀서 갈등하면서 지적 화해에 이르는 과정들이 책의 골목과 모퉁이마다 잘 묘사되어 있다.

저자는 우리 학계에는 거의 알려져 있지 않은 학자이다. 그럼에도 불구하고 이 작은 책은 위와 같은 이유에서 우리가 '프랑크푸르트학파'라고 부르는 초기 비판이론의 사상적 형성 과정을 이해하는 데 큰 도움이 될 것으로 의심치 않는다. 번역 초고의 어색한 문장과 여러 오역을 바로잡아준 사월의책 편집부에 큰 감사를 보낸다.

마르틴 미텔마이어 Martin Mittelmeier

쾰른대학교 독일어문학연구소 명예교수. 독일 유명 출판사에서 편집자 겸 기획 책임자로 오랜 기간 일했으며, 현재 쾰른에서 작가 및 프리랜서 편집자로 활동하고 있다. 현대 독일과 서구 문화에 큰 영향을 끼친 사상들을 지성사 또는 지식사회학적 측면에서 조명하는 저술 작업을 꾸준히 이어가고 있다. 토마스 만의 캘리포니아 망명 기간을 다룬 최근작 『낙원의 향수』(2025)를 비롯하여 『다다: 세기의 이야기』(2016), 『자유와 어둠: '계몽의 변증법'은 어떻게 세기의 책이 되었나』(2021) 등을 썼다.

옮긴이 최용주

사회학 연구자. 전남대, 서울대, 미국 켄터키 대학에서 사회학을 공부했고, 정부 공식기구 '5.18민주화운동 진상규명조사위원회'에서 조사1과 과장을 지냈다. 해외의 과거사 청산 사례와 광주항쟁에 관한 여러 편의 논문을 발표했으며, 관련 도서도 여럿 번역했다. 그간 옮긴 책은 욘 엘스터의 『책장 덮기: 역사적 관점에서 본 이행기 정의』를 비롯해 『5.18 푸른 눈의 증인』(폴 코트라이트), 『나의 이름은 임대운』(데이비드 돌린저) 등이 있다.